AF342908

LES

ANNÉES DE GAIETÉ

LES
ANNÉES DE GAIETÉ

PAR

CHARLES MONSELET

NOUVELLE ÉDITION

PARIS

CALMANN LÉVY, ÉDITEUR

ANCIENNE MAISON MICHEL LÉVY FRÈRES

RUE AUBER, 3, ET BOULEVARD DES ITALIENS, 15

A LA LIBRAIRIE NOUVELLE

—

1880

LES

ANNÉES DE GAIETÉ

I

LE CAPITAINE MONISTROL

J'avais perdu un pari contre le capitaine Monistrol; le jour était venu de m'exécuter. Il s'agissait d'un déjeuner de neuf couverts, — le nombre des Muses. Mais ici les Muses devaient être représentées par des avocats, des étudiants, des gens du monde, nos amis communs, qui avaient été témoins de la gageure.

A l'heure convenue, je me rendis chez Édouard, un de mes convives, qui demeurait dans la même maison et sur le même palier que le capitaine Monistrol. Le capitaine Monistrol — je ne crois pas encore l'avoir dit — était un homme déjà mûr, retraité depuis deux ans, et célibataire enragé. Il avait fait avec éclat les dernières campagnes d'Afrique. J'ajouterai que, sous des apparences moroses, il cachait ou montrait, selon les gens et les circonstances, des qualités de finesse qu'il avait dû exercer parmi les Arabes.

— Es-tu prêt? dis-je à Édouard en entrant.

— Laisse-moi achever mon cigare, et je suis à toi, me répondit-il.

— Songe que notre rendez-vous au café du Helder est pour midi, et qu'il est onze heures trois quarts.

— Onze heures et demie, rétablissons le texte, fit-il en levant les yeux sur la pendule.

— Voyons, mets ton chapeau, et passons chez le capitaine Monistrol pour le prendre.

Édouard ne bougea pas.

—Oh! murmura-t-il, le capitaine Monistrol en a bien pour vingt minutes; il se prépare.

— Qu'est-ce que tu veux dire?

— Je veux dire qu'il est en train d'*étouffer des perroquets*.

Je regardai Édouard avec une telle nuance d'inquiétude, qu'il ne put s'empêcher de rire.

— C'est juste, reprit-il, tu ne possèdes pas à fond comme moi ton capitaine Monistrol; je vais t'en inculquer les premières notions. — Le capitaine Monistrol, qui est, comme tu n'en ignores, le meilleur homme de la terre, a contracté en Afrique une déplorable habitude, celle de l'absinthe. Il en rougit, et il se cache honnêtement pour absorber, tous les matins, cinq ou six verres de cette infâme liqueur verte.

— Cinq ou six verres !

— Quand ce n'est pas davantage. Il appelle cela, dans son pittoresque langage des camps : *étouffer des perroquets.* Aujourd'hui qu'il est de revue, c'est-à-dire de déjeuner, je ne répondrais pas qu'il n'en étouffât quelques-uns de plus. Du reste, nous pouvons nous en assurer.

— Comment cela ? demandai-je.

— Suis-moi et fais doucement.

Il se leva et s'engagea dans un corridor circulaire aboutissant à une porte vitrée. Je le suivais en silence. Là, par le coin d'un rideau écarté, il me fit apercevoir le capitaine Monistrol, assis à une table, devant une grosse bouteille et un grand verre. Pour la première fois, je remarquai le feu de ses pommettes, contrastant avec le ton blafard du reste du visage. Il parlait haut, et ses paroles m'arrivaient distinctement.

— Si tu veux assister à une comédie sur laquelle je suis blasé, reste ici, me dit Édouard à l'oreille; je vais m'habiller et je te rejoins dans un moment.

Me voilà donc seul à examiner clandestinement le capitaine Monistrol, qui *battait* son absinthe à légers coups d'eau, ainsi que le recommandent les maîtres, et qui apportait à cette opération une expression de profond contentement. Il laissa ensuite reposer son verre pendant quelques minutes, toujours selon les grands préceptes; après quoi, il le porta à ses lèvres et but savamment, en prenant des temps comme les acteurs. Cet acte accompli, le capitaine Monistrol se frotta les mains, fit plusieurs « Hum! hum! » de satisfaction, et entama le monologue suivant :

— Tout va bien... deux verres, c'est raisonnable... à cause de ce déjeuner qui sera sans doute important... c'est même une précaution hygiénique... très-hygiénique... deux verres, c'est assez... plus, ce serait l'abus... bornons-nous là; oui, bornons-nous là... il n'y a aucune raison pour récidiver... aucune... aucune...

Disant cela, le capitaine Monistrol regardait autour de lui; il paraissait embarrassé; il fixait la bouteille d'absinthe, en répétant machinalement : « Aucune... aucune... » Il poussait des soupirs, il réfléchissait. Je n'y comprenais rien. Tout à coup, et comme s'il ne pouvait y tenir plus longtemps, je le vois se diriger sournoisement vers la porte et y frapper deux coups avec son doigt. « — Entrez! — Monsieur le capitaine Monistrol, » s'il vous plaît? dit-il, en contrefaisant sa voix. — C'est » moi, réplique-t-il de son ton naturel et en feignant » d'introduire une personne; qu'est-ce qu'il y a pour » votre service? — Monsieur, je n'ai pas l'avantage » d'être connu de vous, mais j'arrive de votre pays et je » suis chargé de tous les compliments de votre famille. » — De ma famille? Ah! monsieur, donnez-vous donc

» la peine de vous asseoir, je vous prie. » Le capitaine Monistrol exécute consciencieusement la mise en
scène de cet entretien fictif; il approche des siéges, il
s'empresse. « — J'espère, reprend-il, en s'adressant à
» son invisible interlocuteur, que vous voudrez bien me
» faire le plaisir d'accepter quelque chose. — Excusez-
» moi, monsieur, j'ai l'habitude de ne jamais rien pren-
» dre entre mes repas. — Entre les repas, je conçois
» cela, mais avant... un verre d'absinthe, par exemple,
» monsieur... j'en ai justement là d'excellente. — Alors,
» c'est pour ne pas vous refuser. »

Le capitaine Monistrol triomphe; il bat deux autres
verres d'absinthe, il est content, il est expansif. —
« Vous dites donc que ma famille se porte bien? » se
demande-t-il. — « A merveille! » se répond-il. —
« Et ma tante d'Hazebrouck? — Elle ne parle que de
» vous. — A votre santé! — A la vôtre, capitaine! »
— Il va sans dire que le capitaine *étouffe les deux
perroquets.* — « Si nous recommencions? » dit-il à son
» hôte imaginaire. — Oh! pour cette fois, capitaine,
» je n'en ferai rien. — Allons donc! — Non, capitaine,
» je vous jure; j'ai plusieurs visites à rendre ce matin,
» et je vous demande la permission de prendre congé
» de vous. — Vraiment, ne peut-on remettre ces vi-
» sites? — Impossible. — C'est désolant. — Désolant
» pour moi, capitaine. — Au moins, permettez-moi
» de vous reconduire. — Je ne le souffrirai pas, capi-
» taine. — Cela sera pourtant, monsieur, car je suis

» sur mon terrain. — Adieu donc, capitaine. — Adieu,
» monsieur. Enchanté d'avoir fait votre connaissance. »

Sur ces mots, le capitaine Monistrol simule un bruit
de pas et incline son corps à plusieurs reprises. Puis il
revient vers la table, en murmurant : — « Charmant,
» ce monsieur ! Très-bien, ce monsieur ! »

J'avoue que ma curiosité était vivement excitée par
cette comédie, comme l'avait justement appelée
Édouard. Je m'intéressais au capitaine Monistrol ; je le
trouvais touchant dans sa lutte contre sa passion funeste ; j'admirais sa puissance d'imagination, l'ingénio-
sité de son subterfuge. Cet homme avait le génie de son
vice.

Quoique persuadé que cette scène était terminée, je
restais cependant à mon poste. Le capitaine Monistrol
avait rebouché soigneusement la bouteille d'absinthe ;
il rassemblait les verres sur le plateau, comme pour
serrer le tout. C'était bien fini, et j'allais me retirer,
lorsque soudain il s'interrompt. Il abandonne le plateau ;
son air devient indécis et songeur ; il fait cinq ou six
tours dans la chambre, en essayant de fredonner. Je
devine qu'un combat se livre dans son esprit, car je
l'entends prononcer à demi-voix : — « Non ! non !
c'est assez'. » Il semble s'armer d'héroïsme ; il ressaisit
le plateau et prend le chemin de l'armoire ; mais là, sa
résolution faiblit ; il s'immobilise, il tend l'oreille, il a
cru entendre frapper derechef ; il se prête à cette nouvelle illusion, et le voilà qui recommence son dialogue :

» —Capitaine, c'est encore moi. — *Encore* est un mot
» de trop, monsieur; je suis charmé de vous revoir. —
» Capitaine, j'ai oublié ma canne. — En vérité, mon-
» sieur? Eh bien, nous allons la chercher ensemble. —
» Je crois l'avoir laissée près de la cheminée. — Près
» de la cheminée? Voyons. » Et le capitaine Monistrol
de fureter dans la chambre, jusqu'à ce qu'il ait découvert sa propre canne. « — Ah! s'écrie-t-il, je parie
» que j'ai la main dessus. — En effet, capitaine, et il
» ne me reste plus qu'à vous remercier. — Un instant!
» puisque nous avons retrouvé votre canne, il faut
» prendre un dernier verre d'absinthe. — Vous êtes
» bien bon, capitaine, mais je suis attendu et... — On
» ne peut pas s'en aller sur une seule jambe, que
» diable ! — C'est que, voyez-vous, capitaine, l'absinthe
» me trouble un peu. — Bah ! bah ! un grand garçon
» comme vous ! vous voulez rire; d'abord, je ne lâche
» pas la canne. — Puisque vous l'exigez... — Certai-
» nement, je l'exige. »

Et deux nouveaux verres d'absinthe sont confection-
nés, battus, engloutis. Mais, cette fois, les adieux ne se
prolongent pas. Le capitaine Monistrol a des remords;
il pousse vers la porte son visiteur; il le salue à peine;
je l'entends qui murmure : « — Importun ! intrigant !
D'où sort ce quidam-là ? » Le capitaine Monistrol a
hâte de passer l'éponge sur cette espièglerie; il serre
pour tout de bon la bouteille accusatrice au fond du
placard; il fait disparaître les verres, comme s'ils lui

brûlaient les doigts. Tout est réparé. Le capitaine Monistrol respire ; il s'examine dans une glace ; il donne un coup d'œil à sa cravate, un coup de brosse à sa redingote ; il sort.

Édouard et moi, nous le rejoignîmes sur le palier.

— Ah ! ah ! s'écria-t-il en nous tendant la main ; fidèles au poste ! Bravo ! J'ai un appétit d'enfer !

Au café du Helder, nous trouvâmes nos six partenaires. L'un d'eux, s'adressant directement au capitaine Monistrol :

— Capitaine, un verre d'absinthe ! lui dit-il.

— Merci ; j'y ai décidément renoncé, répondit le capitaine Monistrol.

— Avant déjeuner, cela ne peut pas vous faire de mal.

— Eh bien, dit le capitaine Monistrol, un verre d'absinthe, soit... mais avec de l'anisette... beaucoup d'anisette.

LE PETIT JOURNAL EN PROVINCE

Une table à thé, à cent lieues de Paris. Des lampes à abat-jour vert. Sept ou huit personnes rassemblées chez madame de Segonzac. Honnêtes et calmes physionomies. Une jeune fille, Cécile, brodant. Le portrait de M. de Segonzac, en costume de lieutenant général.

M. BOUDOT. — ... Je ne dis pas le contraire ; mais en prenant par le Mail on est bien plus vite arrivé ; on gagne cinq minutes au moins... tandis qu'en passant devant la Préfecture vous êtes obligé de faire un détour... sans compter que la rue Saint-Éloi est pavée de petits cailloux fort pointus qui abîment la chaussure... je ne vous le dis pas sans l'avoir expérimenté... la Préfecture...

MADAME DE SEGONZAC, *à une femme de chambre qui entre.* — Qu'est-ce que c'est, Virginie ?

VIRIGIE. — C'est votre journal, madame.

1.

MADAME DE SEGONZAC, *déchirant la bande*. — Mais non, ce n'est pas mon journal; c'est celui de mon fils. (*Elle le pose sur la table.*)

VIRGINIE. — Dame! il n'en est pas venu d'autre aujourd'hui. (*Elle sort.*)

MADAME DE SEGONZAC. — Comme c'est agréable! pas de journal. Voilà deux fois que cela arrive depuis le commencement du mois!

MADAME CELLERIER. — Et le journal de votre fils, quel est-il?

MADAME DE SEGONZAC. — Le journal de Célestin! Je ne sais pas; je ne l'ai jamais regardé.

M. BOTTANT-GAGNEUX, *lisant le titre*. — *Figaro...*

MADAME CELLERIER. — C'est peut-être intéressant.

CÉCILE. — Il y a une image...

M. BOTTANT-GAGNEUX. — Oui, le barbier de Séville, le héros de Beaumarchais... Voyez donc, Boudot; il ressemble à Tilliard.

BOUDOT. — C'est ma foi vrai... à Tilliard quand il est de bonne humeur... Oh! c'est prodigieux!...

MADAME CELLERIER ET MADAME DUCLOUX. — Messieurs, laissez-nous voir aussi... Ah! Tilliard!... c'est frappant!

M. JOUSSAUME. — Seulement, je trouve que le dessinateur aurait dû le représenter avec son parapluie.

MADAME DE SEGONZAC. — Eh bien, puisque cela ressemble tant à Tilliard, il faut nous lire cela, monsieur Bottant-Gagneux.

MADAME CELLERIER. — Ah! oui.

BOUDOT. — Journal pour journal, c'est toujours un journal. Il ne peut y avoir dedans que ce qu'il y a dans les autres... les événements sont les mêmes pour tous... reste le point de vue, sur lequel chacun peut différer... mais il en est de cela comme de toutes choses : on en prend et on en laisse... pourquoi...

MADAME DUCLOUX. — Monsieur Boudot! monsieur Boudot! un peu de silence, s'il vous plaît.

M. BOTTANT-GAGNEUX. — Le premier article est intitulé *Chronique parisienne*. — Je commence : « — Cette
» semaine a été attristée par l'indélicatesse d'un jeune
» garçon qui, mû par une cupidité blâmable, n'a pas
» craint d'empoisonner toute une famille de bottiers
» mecklembourgeois, au sein de laquelle il demeurait.
» Il ne m'appartient point d'afficher une sensiblerie
» déplacée au sujet des bottiers mecklembourgeois : je
» n'ai personnellement ni à m'en louer ni à m'en plain-
» dre; mon bottier est Picard et demeure rue Jacob.
» Cependant, je ne peux m'empêcher de gémir sur les
» funestes penchants de ce jeune garçon, que rien n'a
» pu arrêter dans l'accomplissement de son forfait, ni
» le souvenir de l'hospitalité reçue, ni le cri de sa con-
» science, ni la crainte de la gendarmerie départemen-
» tale. S'il faut en croire les feuilles judiciaires, ce
» précoce scélérat aurait allégué pour sa justification
» que les susdits bottiers s'obstinaient à lui faire des
» bottes trop étroites. Nous hésitons à croire que ce

» moyen de défense, quelque ingénieux qu'il puisse pa-
» raître au premier abord, trouve du crédit auprès de
» la justice... »

M. JOUSSAUME. — C'est très-bien dit.

M. BOUDOT. — Oui... certainement... oui... Mais ne
vous semble-t-il pas, comme à moi, que cet auteur...
que je ne connais pas, du reste... dont j'ignore le
nom... le prend sur un ton... là... comme qui dirait...
goguenard, enfin ?

MADAME CELLERIER. — Mais non.

MADAME DUCLOUX. — Mais non.

MADAME CELLERIER. — Vous voilà bien, avec vos mé-
fiances habituelles, monsieur Boudot !

M. BOUDOT. — Mettons que je me trompe, mesdames ; je n'ai aucun mérite à vous faire cette concession... Continuez, monsieur Bottant-Gagneux.

M. BOTTANT-GAGNEUX. — Volontiers. (*Lisant.*) « Nous
» sommes heureux d'avoir à apprendre une bonne
» nouvelle à nos lecteurs. Saint-Ildefonse, notre grand
» Saint-Ildefonse, sous-chef de claque à l'Ambigu, vient
» de réaliser un héritage immense. Une princesse po-
» lonaise, qui, pendant les dures années de l'exil, avait
» eu tout le temps d'admirer sa belle tenue sous le lus-
» tre et l'éclat de ses chaînes de montre, lègue à Saint-
» Ildefonse une centaine de mille livres de rente. —
» Il paraît qu'il y a encore des princesses polonaises ;
» dans les mauvaises années, on en fait avec des mo-
» distes du Gros-Caillou. — Le monde des lettres et des

» arts doit se féliciter tout entier de la chance qui atteint
» notre bien-aimé Saint-Ildefonse. Cela prouve qu'une
» belle tenue et un assortiment varié de chaînes de
» montre trouvent toujours leur récompense ici-bas. A
» l'occasion de cet héritage, il y a eu au café Achille un
» grand souper, suivi d'un bal par souscription, auquel
» assistaient toutes les étoiles des bouis-bouis du boule-
» vard du Temple. »

M. JOUSSAUME, *interrompant.* — *Bouis-bouis?*

M. CHOUIPPE JUNIOR. — Les *étoiles* des *bouis-bouis?*

M. BOTTANT-GAGNEUX, *continuant.* — « On a particu-
» lièrement remarqué, à cette fête de l'intelligence,
» mademoiselle Camusette, la jeune première du théâtre
» du Petit-Lazari, laquelle, dans un aimable et piquant
» abandon, s'est écriée en frappant sur le ventre de
» notre célèbre Saint-Ildefonse : « C'est égal, mon
» bonhomme, tu as une rude chance tout de même ! »

MADAME DE SEGONZAC. — Cécile, va chercher mon étui
à lunettes, que je crois avoir oublié dans ma chambre.

CÉCILE. — Ma tante, vous l'aviez à côté de vous, il
n'y a qu'un instant.

MADAME DE SEGONZAC. — Va t'en assurer, ma Cécile,
va. (*Cécile sort lentement.*) Dites donc, il est un peu
égrillard, le journal de Célestin.

M. BOTTANT-GAGNEUX. — Bah ! cela ne dépasse pas la
plaisanterie.

MADAME CELLERIER. — Non, non.

M. BOTTANT-GAGNEUX. — Faut-il poursuivre?

MADAME DE SEGONZAC. — Puisque nous sommes entre nous...

(*On achève la* Chronique parisienne, *qui détermine l'approbation presque unanime.*)

M. JOUSSAUME. — Il y a le trait.

M. CHOUIPPE JUNIOR. — Oui, c'est dans le genre du *Nain jaune.*

M. BOUDOT. — Je persiste dans mon dire : on ne sait pas si cet auteur... que je n'ai jamais vu... plaisante ou ne plaisante pas. Il a une façon d'exagérer les petites choses et de diminuer les grandes... qui lui est propre... ce doit être un tout jeune homme... la jeunesse seule est capable de...

MADAME DUCLOUX. — Voyons la suite du journal, monsieur Bottant-Gagneux.

MADAME DE SEGONZAC. — Ne craignez-vous pas de vous fatiguer?

M. BOTTANT-GAGNEUX. — Vous êtes trop bonne, madame; j'ai une poitrine de fer.

MADAME DUCLOUX. — Ah! tant mieux.

M. BOTTANT-GAGNEUX. — Le second article a pour titre : *Paris dansant,* et pour sous-titre : *Le bal des Folies-Casserolles.*

MADAME CELLERIER. — Voilà qui doit être amusant.

BOTTANT-GAGNEUX, *parcourant.* — Hum!... peste!... (*Lisant à part.*) « La petite Gnan-gnan, ainsi surnom-
» mée à cause de son parler enfantin, avait un air
» pâle et maladif; on eût dit un bouquet de violettes

» ramassé dans le ruisseau. — Ernest! dit-elle au jeune
» homme de l'orchestre qui jouait de la basse, j'ai
» dîné aujourd'hui d'un radis noir seulement, mais je
» t'aime bien, va! » Diable!... (*Il continue à voix basse.*)

MADAME DUCLOUX. — Eh bien, pourquoi ne lisez-vous
pas tout haut?

M. BOTTANT-GAGNEUX. — C'est que... c'est bien long...
trois, quatre, cinq colonnes.

M. CHOUIPPE JUNIOR, *regardant.* — Tiens! c'est si-
gné : *Jean Rousseau.*

M. JOUSSAUME, *avidement.* — Jean-Jacques Rousseau?

M. BOTTANT-GAGNEUX. — Non, Jean Rousseau. Quelque
descendant sans doute... Cela paraît fort intéressant,
d'ailleurs... Je propose de réserver cette étude pour la
bonne bouche et de passer aux *Nouvelles à la main...*
Ah! des *Nouvelles à la main...* Voulez-vous?

M. BOUDOT. — Oui ; des nouvelles ; c'est plus positif.

M. BOTTANT-GAGNEUX, *lisant.* — « Jeudi dernier, vers
» trois heures de l'après-midi, sur le boulevard Mont-
» martre, M. Hostein se promenait, rêvant de la deux
» cent cinquantième représentation de l'*Histoire d'un*
» *drapeau,* lorsqu'il aperçut un gandin...

M. JOUSSAUME. — Un gandin?

MADAME DE SEGONZAC. — Qu'est-ce que c'est que cela?

M. BOUDOT. — Attendez donc... un gandin... j'ai
comme une idée que c'est un oiseau... La suite de la
nouvelle va nous éclairer.

M. BOTTANT-GAGNEUX. — « Un gandin, qui lui dit en

» lui serrant la main... » Non, ce n'est pas un oiseau.
» — Mon cher, je vous offre mon compliment très-
» sincère; voilà un succès qui va faire enrager tous les
» bons petits camaros... » *Camaros?* Je ne comprends
pas.

M. BOUDOT. — Ce sont probablement des mots d'auteur... Passez, Bottant-Gagneux...

MADAME CELLERIER. — Oui, une autre nouvelle.

M. BOTTANT-GAGNEUX. — Je le veux bien. (*Lisant.*)
» Tout le monde, à Paris, sait aujourd'hui que de Goy
» a le sac... » Le sac.. oui... le sac... « Mais un sac
» véritable, authentique, en toile de la banque. Antonio
» Watripon a été admis à le voir. Aucun doute n'est
» donc plus permis aujourd'hui sur l'opulence de
» notre cher traducteur, qui, il faut bien le dire, avait
» passé sa vie jusqu'à présent à se fourrer le doigt
» dans l'œil. »

MADAME DE SEGONZAC. — Pauvre homme!

M. CHOUIPPE JUNIOR. — Quelle singulière habitude!
cela devait lui faire bien du mal.

MADAME DUCLOUX. — Allons, messieurs, moins de
bruit, s'il vous plaît. Monsieur Bottant-Gagneux, des
nouvelles!

M. BOTTANT-GAGNEUX. — Je suis à vos ordres... Ah! en
voici une qui concerne M. Scribe.

MADAME CELLERIER. — Le petit Scribe, l'auteur de la
Demoiselle à marier? Quel joli talent!

M. JOUSSAUME. — Est-ce qu'il travaille toujours pour le théâtre ?

M. BOTTANT-GAGNEUX, *lisant*. — « M. Scribe ne pouvait se consoler de sa dernière veste... »

MADAME CELLERIER. — Comment ! il porte des vestes, M. Scribe ?

MADAME DE SEGONZAC. — Ah ! c'est de la coquetterie !

M. BOTTANT-GAGNEUX, *lisant*. — « Dans sa douleur, il » se trouvait malheureux d'être un immortel. Tous les » matins, il se promenait dans son porc... »

TOUS. — Hein ?

M. BOTTANT-GAGNEUX. — Pardonnez-moi... c'est moi qui me trompe... « Il se promenait dans son parc... son » parc... Il épanchait sa mélancolie dans les urnes de » ses naïades de marbre ; il apostrophait les fleurs du » rivage qui lui font un printemps éternel, et leur » disait : — Se peut-il que ma *Fille de trente ans* ait fait » un four ? »

MADAME DE SÉGONZAC. — Répétez donc.

M. BOTTANT-GAGNEUX, *lisant*. — « Se peut-il que ma *Fille de trente ans* ait fait un four ? »

MADAME DE SEGONZAC. — Qu'est-ce que cela signifie ?

M. CHOUIPPE JUNIOR. — Une fille qui fait un four !

M. BOTTANT-GAGNEUX. — Je lis ce qui est écrit, mais je suis irresponsable, je vous en préviens. (*Lisant.*) « Il ajoutait : — C'est la faute de mon *collabo*. »

M. BOUDOT. — Pour le coup, cela devient intolérable... *Collabo, four, veste, sac, gandin*... Quel est ce baragouin nouveau? (*On entend le bruit lourd d'une porte cochère qu'on referme.*)

MADAME DE SEGONZAC. — Ah! voilà Célestin qui rentre; nous allons lui demander des explications.

CÉLESTIN. — Bonsoir, maman. (*Il l'embrasse.*) Où est donc Cécile?

MADAME DE SEGONZAC. — Tu viens du cercle?

CÉLESTIN. — Dis donc du club, maman... Bonsoir, monsieur Bottant-Gagneux... (*Apercevant le Figaro.*) Tiens! vous lisiez mon canard?

M. CHOUIPPE JUNIOR. — Son *canard?*

M. BOUDOT, *haussant les épaules.* — Un *canard,* à présent! c'est le renversement du monde!

MADAME DE SEGONZAC. — Tu reçois là un drôle de journal, mon ami.

CÉLESTIN. — N'est-ce pas qu'il est amusant?

MADAME DE SEGONZAC. — A dire vrai, nous n'en savons trop rien.

CÉLESTIN, *souriant.* — Ah! c'est juste... pour qu'il amuse il faut le comprendre.

M. BOUDOT. — Et pour le comprendre?...

CÉLESTIN. — Il faut y être abonné.

M. CHOUIPPE JUNIOR. — Il a peut-être raison.

CÉLESTIN. — Madame Cellerier, une tasse de thé, s'il vous plaît... Mais où donc est Cécile?

III

LES

SOUFFRANCES D'UN EMPRUNTEUR

MYSTÈRE EN TROIS JOURNÉES

PREMIÈRE JOURNÉE

SCÈNE PREMIÈRE

Le théâtre représente un salon. Au lever du rideau, M. de Bourdensac, personnage opulent, cause familièrement avec un jeune homme que nous désignerons sous le nom de Landry.

DE BOURDENSAC. — Pourquoi n'avez-vous pas commencé par me dire cela tout de suite? Que vous êtes enfant! C'est mille écus qu'il vous faut?

LANDRY. — Mille écus, oui. Et je peux vous avouer...

DE BOURDENSAC. — N'avouez rien; c'est inutile. Je vous en veux seulement d'avoir pris tant de détours avec moi.

LANDRY. — Écoutez donc; si vous croyez que c'est amusant d'emprunter!

DE BOURDENSAC. — C'est pourtant bien naturel.

LANDRY. — Je voudrais vous y voir.

DE BOURDENSAC. — Ma foi, mon cher, vous m'y verriez moins gauche et moins embarrassé que vous, j'en ai la certitude. Vous autres, hommes d'intelligence, — non, je veux dire hommes d'art et de poésie, — vous ne savez pas le premier mot de la théorie de l'emprunt. Vous arrivez chez nous avec des mines contristées, avec des regards inquiets, avec des paroles bourrées de défiance. Votre abord seul nous donne froid. Que diable! ne sauriez-vous nous faire la gracieuseté d'une physionomie épanouie et cordiale? L'incertitude du résultat, dites-vous. Eh! mon cher Landry, lorsque vous vous avisez de faire la cour à une femme, n'avez-vous pas la même incertitude? Cela ne vous empêche pas de déployer auprès d'elle toute votre amabilité. Eh bien, un rendez-vous d'argent est la même chose qu'un rendez-vous d'amour; vous êtes conduit à l'un comme à l'autre par l'espérance. Or, l'espérance ne veut pas de ces airs mortifiés. — Je ne suis pas très-exigeant, et cependant j'ai pour principe que l'argent est comme la femme : il mérite qu'on lui fasse un peu la cour.

LANDRY. — Il y aurait bien des choses à vous répondre là-dessus.

DE BOURDENSAC. — Enfin, n'est-il pas étrange que

ce soit moi, dans cette circonstance, qui cherche à vous remettre en votre légitime place? Vous doutez trop de vous, Landry; vous vous faites injure. Vous êtes homme d'esprit, je suis à peu près millionnaire; nous sommes manche à manche. Si la partie était inégale, ce ne pourrait être que de mon côté, car je n'ai pas toujours eu de l'argent, tandis que vous avez toujours eu de l'esprit. — Je vous prêterai *vos* mille écus.

LANDRY. — Vous me rendez là un service...

DE BOURDENSAC. — Laissez donc. J'attends précisément mon notaire aujourd'hui ou demain : nous avons à causer. Voulez-vous revenir après-demain?

LANDRY. — Après-demain, soit.

DE BOURDENSAC. — C'est une affaire arrangée, mon cher Landry. Je suis content que vous vous soyez souvenu de moi. Vrai! (*Le reconduisant.*) Eh! dites, voyez-vous toujours la petite Chose?

LANDRY. — La petite qui?

DE BOURDENSAC. — Faites donc l'ignorant! Ah çà! de bonne foi, est-ce que vous croyez, parce que je suis devenu riche, que j'ai cessé d'être viveur? (*S'appuyant sur le bras de Landry.*) Il faudra que nous fassions un petit souper, un de ces soirs... à quatre. Vous verrez que je suis encore un assez bon compagnon.

LANDRY. — Je n'en doute pas.

DE BOURDENSAC. — Si, si, vous en doutez. Vous êtes farci de préjugés contre la richesse. Mais vous verrez, vous verrez ! — Adieu, mon cher. A après-demain. Mille écus. Adieu.

LANDRY. — A après-demain.

SCÈNE

LANDRY, *descendant l'escalier en fredonnant.* — Les dieux m'ont entendu... je leur sacrifierai quelque animal en rentrant chez moi. Ce Bourdensac est le plus charmant des hommes. Une délicatesse ! — A après-demain, a-t-il dit. Bah ! quarante-huit heures sont vite passées.

En traversant la cour, il voit le domestique Jean occupé à faire trotter un cheval. Il s'arrête.

JEAN. — Hop ! hop !

LANDRY. — Voilà une jolie bête !

JEAN. — Je le crois bien. C'est *Astarté*, la jument de monsieur.

LANDRY. — De Bourdensac? Bourdensac monte à cheval?

JEAN. — Tous les jours, à l'heure du bois ; certainement. (*Flattant le cheval.*) Allons... là, là... voyons !

LANDRY, *inquiet.* — Il a l'air bien ombrageux.

JEAN. — Ah ! pour cela, je vous en réponds. Il a déjà deux fois jeté monsieur par terre.

LANDRY. — O mon Dieu ! est-ce possible?

JEAN. — J'en sais quelque chose, puisque c'est moi

qui accompagne toujours monsieur à la promenade. (*Contenant le cheval.*) Là, là... doucement, bébelle.

LANDRY. — Mon ami, je vous en supplie, veillez bien sur votre maître, sur Bourdensac... aujourd'hui et demain surtout... S'il allait lui arriver quelque accident! (*Il met cinq francs dans la main de Jean.*) Promettez-moi de ne pas le perdre de vue. — Maudit cheval! (*Il s'éloigne.*)

JEAN. — Soyez tranquille. — Voilà un monsieur qui aime joliment monsieur! — Hop! hop!...

LANDRY, *s'en allant.* — Bourdensac monte à cheval... Comme si c'était une chose bien nécessaire — ou bien amusante! Risquer de se rompre le cou, au mépris de ses affections... et de ses engagements. C'est faire peu de cas de ceux qui vous sont attachés. On est viveur, soit, mais on est prudent. — Quarante-huit heures, c'est bien long!

SCÈNE III

LANDRY, *seul. Il se promène devant le cercle de* *** *et jette de temps en temps un regard sur les fenêtres éclairées.* — Bourdensac est là-haut. Je me suis enquis de l'endroit où il passe ses soirées. Il joue, et joue gros jeu, à ce qu'il paraît. Funeste passion! On a vu des gens perdre en quelques heures sur le tapis vert le fruit de toute une existence de travail. — Est-ce une fortune bien réelle que celle de Bourdensac? Comment se fait-il qu'il n'ait pas mille écus dans son secrétaire? En me parlant, sa voix avait quelque chose de gouailleur; je me le rappelle à présent. Aurait-il voulu me mystifier? — Oh! je calomnie Bourdensac, le plus généreux des mortels! — Mortels? cette idée me donne un frisson. (*Minuit sonne.*) Il ne sortira pas de ce tripot! Je ne peux pourtant point rester là toute la nuit... J'aurais voulu, pour ma tranquillité, le voir s'éloigner vertueusement; moi-même, je l'aurais escorté, de loin, comme un bon génie. Cette douceur me sera-t-elle refusée? — Je vais compter jusqu'à cent; à cent, je m'en irai. — Oh! le jeu! dire que l'on tolère cette plaie vivante au sein de Paris. — Il ne passe déjà plus un chat dans cette rue. Pas un magasin ouvert. Tous les théâtres ont vidé leurs salles. C'est un scandale, cette maison brillante! — Il serait stupide à moi d'attendre encore; je vais aller jusqu'à ce réverbère et revenir; ce sera tout; puis je partirai décidément. (*Minuit et demi.*) Au fait, Bourdensac gagne peut-être beaucoup d'argent là-haut; pourquoi m'évertué-je à voir toujours les choses en noir? pourquoi repousserait-il la chance, si elle vient bénévolement à lui? Le jeu a ses favoris, comme il a ses victimes. — Quarante-huit heures! un siècle! (*Landry continue à se promener en long et en large devant la porte du cercle.*)

DEUXIÈME JOURNÉE

SCÈNE PREMIÈRE

Le théâtre représente la chambre de Landry. Il est dix heures du matin. Landry dort d'un sommeil fiévreux.

LANDRY, *rêvant.* — ... Au secours ! à l'aide ! on égorge Bourdensac... arrêtez l'assassin... l'assass... (*Il se réveille.*) Ah! l'atroce cauchemar ! j'ai rêvé de lui toute la nuit. Je ne pourrais supporter longtemps une pareille existence. Levons-nous et allons prendre l'air.

Il sort. En passant sur le boulevard, il regarde machinalement aux vitres du café Cardinal.

Mais... je ne me trompe pas. C'est lui ! — Non. — Si. — Le voilà bien, seul à cette petite table du fond. J'ignorais qu'il fréquentât les cafés. Déplorable habitude ! — Il vient de déjeuner ; cette assiette vide et cette bouteille l'attestent. Hum ! il a bu la bouteille tout entière. C'est beaucoup pour le matin. Qui est-ce qui peut l'avoir forcé à sortir sitôt de chez lui ? quelque affaire... concernant mes mille écus peut-être... Il me paraît plus rouge qu'à l'ordinaire. Une bouteille ! une bouteille ! c'est de l'imprudence quand on est aussi sanguin que Bourdensac. Avec cela que je ne l'ai jamais vu serré dans sa cravate comme aujourd'hui... — Bon ! il prend du café maintenant, à quoi pense-t-il? le café est une plante essentiellement échauffante et qui ne lui convient nullement. Je connais son tempérament mieux que lui. On ne joue pas avec les coups de sang, morbleu! — Si je priais un des garçons d'aller lui desserrer sa cravate?

Je crois qu'il m'a vu. Effaçons-nous. Après cela, il a sans doute donné rendez-vous à son notaire. On est souvent plus libre dans un lieu public pour parler de ses intérêts... Qu'est-ce qu'il fait? Il fume. Il ne fumait pas autrefois. Comme il se tient penché! il lit un journal. Mauvais pour la digestion! — Hein? du cognac! il se verse du cognac! il veut donc ruiner tout à fait sa santé? Le cognac de Paris, une jolie drogue!

Landry se promène avec agitation devant le café, puis il revient se coller aux vitres.

Vraiment, il y a des gens qui ne savent rien prendre avec modération, ils oublient tous les devoirs sociaux pour une jouissance matérielle d'un instant. Ce Bourdensac n'en finira pas. —Ah! un homme l'accoste respectueusement et, sur un geste, s'asseoit en face de lui. Ce doit être son notaire. Mais les notaires ne vont jamais au café; je suis absurde... — Il a cependant une cravate blanche. Pourquoi ne serait-ce pas un notaire au-dessus des préjugés? — Bourdensac lui offre de l'eau-de-vie et s'en verse pour la seconde fois. Pouah!

— Oh! oh! le notaire tire de sa poche un portefeuille... Est-ce un portefeuille ou un porte-cigare?

Un passant écrase le pied de Landry.

Aïe! aïe! — Butor! animal! bœuf gras! sauvage!...
On s'excuse, au moins... — Il m'a empêché de voir ce
qui m'importait le plus. Oui, oui, c'est un notaire; et
le portefeuille qu'il vient de remettre à Bourdensac
contient probablement mes mille écus. Tout est pour le
mieux. — A son tour, le notaire fait un signe au garçon et lui dit un mot à l'oreille. Le garçon revient, ap-
portant un flacon de liqueur. (*Criant.*) Non! non! c'est
assez! c'est trop... Pas de bain de pied surtout!

Ces émotions me tueront... Ah! le notaire se lève :
il va prendre congé. C'est heureux! il veut payer la
consommation; Bourdensac lui arrête le bras. Le notaire se récrie... Nous la connaissons celle-là... Tu n'as
pas plus envie que moi de payer, mon bonhomme! va-
t'en donc! va-t'en donc!

Sur le boulevard.

J'aime à supposer que Bourdensac va rentrer chez
lui, afin de déposer ce portefeuille dans son secrétaire.
Que ne prend-il une voiture? il serait plus vite rendu,
et il éviterait des rencontres importunes. Mais voyez
donc cette démarche guillerette, et comme il regarde
sous le nez les femmes qui passent! — Est-ce qu'il serait
un peu *ému*? Oh! Bourdensac!

Eh bien! eh bien! ce n'est pas par là! il tourne à gauche, il se trompe; quelle distraction! — Il monte le faubourg Montmartre; assurément, je ne l'abandonnerai pas dans ce quartier de perdition. Passe encore s'il ne va pas plus loin que Notre-Dame de Lorette. — Allons! il traverse le trottoir, pour suivre cette jambe… Conçoit-on qu'à notre époque il n'y ait pas encore d'édit qui interdise aux femmes de relever leur robe quand il fait un temps sec? C'est qu'en vérité il n'y a pas aujourd'hui un grain de boue sur le pavé. Effrontée! — Bourdensac ne se presse guère; je ne l'aurais jamais cru si flâneur… Bourdensac, mon petit Bourdensac, voyons, sois raisonnable; rentre chez toi, où tes affaires t'attendent; tu t'en trouveras bien, je te le promets. Bourdensac, tu as l'air indécis, tu t'arrêtes, tu sembles écouter une voix qui parle en toi… écoute-la, Bourdensac, c'est la voix du devoir!

Tout est perdu : il monte la rue Notre-Dame de Lorette!

Landry s'essuie le front.

Si je l'abordais? Si je feignais de le rencontrer, comme par hasard? Rien de plus naturel, ce me semble. Peut-être ma vue, la vue d'un ami, réagirait-elle salutairement sur sa conduite. Peut-être aussi, puisqu'il a de l'argent sur lui, me donnerait-il immédiatement mes mille écus… pour m'épargner une course? Oui, mais où et comment lui faire mon reçu? Et puis, qui m'assure qu'il ne me taxera pas d'indiscrétion? Ces hommes importants n'aiment pas à être surpris dans leurs écarts. Je risquerais de me nuire beaucoup dans son esprit. Mon idée n'a pas le sens commun. Contentons-nous de mon rôle d'ange gardien... section de la rue de Jérusalem. (*Avec éclat.*) Miséricorde! il entre au n° 12[1]... Voilà ce que je craignais!

Allons, voyons, du calme. Il se peut qu'il n'y ait pas autant de mal que je m'en imagine. Le n° 12 est occupé, au premier étage, par un fabricant de pianos; au second... il y a une enseigne au second : *Modes.* Hum! Eh bien! quoi? Modes; voudrais-tu supprimer les ateliers de modes, à présent? — Bourdensac est bien libre, s'il lui plaît, d'aller acheter un chapeau ou un piano pour sa femme. Attendons-le. Il ne restera pas, d'ailleurs, toute la journée dans cette maison. Il se rappellera qu'il a des affaires, des obligations... sacrées.

Cinq heures. — Bourdensac sort de la maison n° **12**, avec une femme au bras.

Enfin! — Où a-t-il été pêcher cette infante? La tournure est bien singulière, et la toilette... Ouais! j'aurais supposé meilleur goût à Bourdensac. — Qu'est-ce qu'il

---

1. Les habitants de la rue Notre-Dame-de-Lorette sont priés de croire que le n° 12 n'a pas plus de signification sous notre plume que le n° 7, le n° 20 ou tout autre numéro.

(*Note de l'auteur.*)

2.

va faire de sa belle ? Il ne peut pas s'afficher avec elle sur la voie publique. Je suis intrigué.

Bourdensac prend un coupé; Landry en prend un autre; les deux coupés arrivent en même temps à la gare du chemin de fer de Rouen.

En chemin de fer ? Il part ! il va voyager ! avec son portefeuille ! Il oublie notre rendez-vous de demain. Ah ! mais non, non ! (*A un petit commissionnaire.*) Tiens ! voilà dix sous ; va dire à ce monsieur, que tu vois là-bas, qu'on le demande tout de suite chez lui, mais tout de suite.

LE COMMISSIONNAIRE. — Oui, monsieur.

LANDRY. — Je respire : Bourdensac se dirige vers le guichet d'Asnières ; ce n'est pas une fuite. — Ah ! mon commissionnaire s'approche de lui... Bourdensac l'écoute et semble se consulter... Il se fait répéter mes paroles... Il le renvoie avec un coup de pied. Malédiction ! — C'est égal, je n'en aurai pas le démenti, je le suivrai à Asnières ! je veillerai sur lui malgré lui !

SCENE II

Les bords de la Seine. Crépuscule. Landry sort d'un restaurant.

LANDRY. — Ces cloisons de cabinets sont si épaisses que je n'ai presque rien entendu de leur conversation. J'ai seulement compris, au dessert, qu'ils se jetaient les

plats et les verres par le visage. — Trois heures à table!
— Je ne répondrais pas de l'entière raison de Bourdensac. Le voici.

DE BOURDENSAC, *à la femme qu'il accompagne.* — Eh bien! quoi? puisque je te dis que j'ai tort, Mélanie.

MÉLANIE. — Vous êtes un manant!

LANDRY, *à l'écart.* — Comme il est enflammé! cela le défigure absolument. Qui dirait pourtant que c'est là une des colonnes de la finance! (*Une troupe de canotiers aborde au rivage.*)

DE BOURDENSAC, *les apostrophant.* — Ohé! tas de goujons! marins de poêle à frire!

MÉLANIE. — Tais-toi donc, tu vas t'attirer une querelle.

UN CANOTIER, *s'avançant.* — Monsieur, est-ce, par hasard, à nous que vous vous adressez?

DE BOURDENSAC. — Et pourquoi pas, Jean Bart? C'est donc carnaval toute l'année le long de la Seine?

MÉLANIE, *à part.* — Ah! il commence à m'ennuyer, ce Chinois! Ma foi, je le plante là. (*Elle s'en va. Un groupe se forme autour de Bourdensac.*)

LANDRY. — L'imprudent! Comment le tirer de mauvais pas!

DE BOURDENSAC. — Vous! ah ben! oui... venez-y donc... Je me f...iche de vous tous comme d'un hareng saur. (*Brouhaha.*)

LANDRY, *survenant.* —Monsieur a raison. Et vous êtes

un drôle, vous, entendez-vous? (*Il prend un canotier au collet et le secoue.*)

LE CANOTIER. — D'où sort-il, celui-là?

LANDRY. — Monsieur, c'est avec moi d'abord que vous aurez affaire.

LE CANOTIER. — Soit, car vous êtes le plus insolent... mais cela ne m'empêchera pas ensuite de régler le compte de monsieur.

LANDRY. — C'est ce que nous verrons. Voici ma carte.

LE CANOTIER. — Voici la mienne.

LANDRY. — Je serai chez vous demain matin, monsieur.

LE CANOTIER. — Quand il vous plaira, monsieur. (*Il s'éloigne avec sa compagnie. Chansons, se perdant petit à petit. Nuit close.*)

SCÈNE III

LANDRY, *revenant vers Bourdensac, qui est resté appuyé contre une borne.* — Bourdensac, mon ami, tout est fini, tout est arrangé. Venez.

DE BOURDENSAC. — Mé...lanie? où est Mé...lanie?

LANDRY. — Mélanie est partie. C'était une personne indigne de vous, Bourdensac. Donnez-moi votre bras.

DE BOURDENSAC. — Je veux tuer... Mélanie.

LANDRY. — Oui, nous tuerons Mélanie; c'est convenu. (*A part.*) Dans quel état, grand Dieu! Sa voix en est toute changée. (*Haut.*) Voyons, mon cher Bourdensac, du calme. Votre bras, là. Il s'agit de ne pas manquer le chemin de fer.

DE BOURDENSAC. — Je tuerai Mé...lanie.

LANDRY. — Parbleu! je l'entends bien de la sorte. (*A part.*) Un homme de son rang, s'enivrer à ce point; c'est inimaginable. (*Haut.*) Allons, relevez-vous, Bourdensac. Ne craignez pas de vous appuyer sur moi... comme cela... bien!

DE BOURDENSAC. — Vous êtes un bon jeune homme, vous; je ne vous connais pas, mais vous êtes... un bon jeune homme.

LANDRY. — Comment! vous ne me reconnaissez pas? C'est moi, Landry, moi... vous savez, Landry... les mille écus... demain...

DE BOURDENSAC. — Mille écus, je veux bien... pour Mélanie.

LANDRY, *à part.* — C'est étonnant! on dirait une autre voix... (*Haut.*) Bourdensac, vous m'effrayez; je crains que vous n'ayez été victime de quelque guet-apens. Répondez-moi : votre portefeuille, l'avez-vous toujours?

DE BOURDENSAC. —Pas de portefeuille... le portefeuille et moi, brouillés à mort... rincé le portefeuille... perdu dans les révolutions!

LANDRY, *troublé.* — Vous voulez plaisanter, sans doute, Bourdensac?

DE BOURDENSAC. —Je ne plaisante qu'avec Mélanie...

parce que Mélanie... vous comprenez, n'est-ce pas?

LANDRY. — Oui, Bourdensac.

DE BOURDENSAC. —Pourquoi m'appelez-vous toujours Bourdensac?

LANDRY. — Hein?

DE BOURDENSAC. — Je lui ressemble, c'est vrai... on me l'a déjà dit... mais je suis mieux... infiniment mieux. Allons au chemin de fer.

LANDRY, *lui lâchant le bras.* — Vous ne seriez pas Bourdensac?

DE BOURDENSAC — Jamais... moi, Edgard.

LANDRY. — C'est impossible! (*Il cherche à l'amener sous un réverbère.*)

LE FAUX BOURDENSAC. — Mais si cela vous fait plaisir, appelez-moi Bourdensac tant que vous voudrez... ne vous gênez pas. Je m'y ferai.

LANDRY, *l'examinant de très-près.* — Miséricorde! ce n'est pas lui, en effet... et j'ai suivi cet ivrogne pendant douze heures!... Oh!

LE FAUX BOURDENSAC — Appelez-moi Bourdensac, ou je croirai que vous êtes fâché.

LANDRY, *hors de lui.* — Va-t'en au diable. (*Il se sauve dans la direction du chemin de fer.*)

LE FAUX BOURDENSAC. — Moi, Edgard.

TROISIÈME JOURNÉE

SCÈNE UNIQUE

Même décor que celui de la première journée. M. de Bourdensac
lit les journaux.

UN DOMESTIQUE, *annonçant.* — Monsieur Landry.

DE BOURDENSAC. — Ah ! je vous attendais, mon cher
ami... Votre argent est prêt. Prenez donc ce fauteuil.

LANDRY, *à part.* — Comment ai-je pu me tromper
d'une façon aussi grossière... C'est qu'il ne ressemble
pas du tout à l'autre !

DE BOURDENSAC. — Mais qu'avez-vous? un bras en
écharpe... Qu'est-ce qui vous est arrivé, Landry?

LANDRY. — Rien. Un coup d'épée que je viens de
recevoir pour vous.

DE BOURDENSAC. Pour moi ?

LANDRY. — Ou à cause de vous. C'est une histoire que
je vous raconterai un de ces jours.

V

CONCERT DONNÉ PAR O'FLANCHARD

I

Entrée immédiate en matière. — Les journaux donnent le *la*. —
Steeple-chase de rengaines. — Crescendo.

Le concert annuel du pianiste O'Flanchard aura lieu
le 1ᵉʳ avril prochain, à la salle Herz.

(*Moniteur universel.*)

Le pianiste O'Flanchard donnera son concert annuel
dans la salle Herz, le 1ᵉʳ avril prochain. Il y fera entendre ses nouvelles compositions. (*Journal des Débats.*)

C'est dans la salle Herz, le 1ᵉʳ avril prochain, que doit
avoir lieu le concert du célèbre pianiste O'Flanchard.

La moitié des stalles est déjà retenue pour cette soirée, qui sera un véritable événement dans le monde musical.   (*La Presse*)

On nous prie d'annoncer le concert de M. O'Flanchard, pianiste. Nous le faisons avec d'autant plus de plaisir que M. O'Flanchard est un artiste sincère, dans l'acception la plus élevée de ce mot. On parle de deux compositions destinées au plus grand succès, et qu'il exécutera pour la première fois : *Adieu, patrie!* et la *Sieste des cigales*. Rendez-vous le 1er avril, à la salle Herz.   (*Le Siècle.*)

Nous sommes dans la saison des concerts. Jamais peut-être l'épidémie n'avait sévi avec autant de rigueur que cette année. Au milieu des pianistes en *of* et en *ski* dont Paris est en ce moment affligé, il serait injuste toutefois de ne pas créer une exception en faveur du jeune Irlandais O'Flanchard. Son jeu magistral et sobre, l'inépuisable variété de ses motifs, lui ont assigné le premier rang parmi les illustrations du piano. Les amateurs de bonne musique ne manqueront donc pas à son concert annuel, qui est annoncé pour le 1er avril prochain, à la salle Herz.   (*Le Constitutionnel.*)

Personne n'ignore l'extrême réserve que nous nous sommes imposée à l'égard des musiciens et surtout des exécutants. Il faut tout le talent hors ligne et l'immense réputation du pianiste O'Flanchard pour nous décider à sortir de cette règle. C'est que le suave auteur de la *Sieste des cigales* et de tant de petits chefs-d'œuvre de mélodie, unit à la science harmonique des vieux maîtres l'originalité et la fougue qui caractérisent l'école moderne. Dans une récente excursion en Belgique, O'Flanchard a recueilli partout sur son passage des ovations aussi flatteuses que légitimes. Il rapporte de son voyage plusieurs compositions nouvelles que nous aurons l'occasion d'applaudir à la salle Herz, le 1ᵉʳ avril prochain. Avis aux retardataires!   (*La Patrie.*)

Il faut avoir entendu comme nous l'étonnant pianiste O'Flanchard pour se faire une idée des ressources inconnues que peut offrir le piano, cet instrument tant calomnié. Sous les mains savantes du prodigieux artiste, ce n'est plus un piano, c'est une flûte, c'est un violon, c'est un orgue, c'est un cor, ce sont les mille bruits de la création, les soupirs du vent dans les branches, les dialogues des rossignols dans la nuit sombre, les voix de la terre unies aux voix du ciel dans un ineffable cantique d'amour. O'Flanchard résume sans les imiter Thalberg, Liszt, Chopin, Doëhler, Prudent, Littolf et tous les princes de l'art; il sait marquer d'un incontestable cachet de nouveauté et de grâce ses moindres fantaisies, qui se trouvent aujourd'hui sur toutes les tables des salons. Quoi de plus adorable, par exemple, que son *boléro, n° 3 bis!* quel merveilleux caprice que: *Ce que le flot dit à l'étoile!* Toute la poésie des Alhambra a passé dans le premier ; toute la rêverie germanique se déploie dans le second. Aussi faut-il bien se garder de confondre O'Flanchard avec cette nuée de pianistes dont Paris voit invariablement le passage en cette saison. Parmi tous, son concert a le privilége d'attirer l'élite du monde aristocratique ; il est fixé, cette année, au 1ᵉʳ avril, dans la salle Herz. Nous ferons connaître le programme.   (*Le Pays.*)

Tout Paris voudra être après-demain au concert si impatiemment attendu du grand pianiste O'Flanchard, à la salle Herz.   (*L'Indépendance belge.*)

Demain, irrévocablement, le grand concert de O'Flanchard, à la salle Herz. Tout est loué.   (*Le Nord.*)

A ce soir, huit heures, à la salle Herz, le magnifique concert de O'Flanchard, l'élu du piano ! (*Le Charivari.*)

II

Où le lecteur verra, non sans quelque étonnement, tout ce qui peut tenir sur une feuille de papier timbré de trente-cinq centimes, et comment se font certaines réputations.

« Entre les soussignés, M. Félix-Léon Moreau, dit
» *O'Flanchard*, musicien, demeurant à Paris, passage

» des Deux-Boules, n° 7, d'une part; et M. G.....i, en-
» trepreneur de succès, avenue de Neuilly, n° 42,
» d'autre part;

» Il a été convenu ce qui suit :

» M. G.....i s'engage :

» 1° A apporter tous ses soins à l'éclat et au reten-
» tissement du concert que doit donner ledit sieur Mo-
» reau, dans la salle Herz, le 1er avril prochain ;

» 2° A garnir les trois premiers rangs des stalles de
» la façon la plus brillante, — soit quatre ou cinq fa-
» milles étrangères, d'une apparence respectable ; au-
» tant de demoiselles en robe blanche, décolletées, les
» bras nus, avec bouquets et fleurs dans les cheveux ;
» quelques diplomates (chauves autant que possible),
» en cravates de batiste brodées et porteurs d'une bro-
» chette de croix ;

» 3° A renforcer le pourtour d'une cinquantaine d'a-
» mateurs enthousiastes, ne craignant pas de traduire
» leur approbation par de vifs battements de mains
» avant et après chaque morceau de M. Moreau, —
» exclusivement. — Toilette convenable ; les gants,
» nuisant à la sonorité des applaudissements, ne sont
» pas de rigueur.

» 4° A assurer la présence d'un minimum de trente
» célébrités, telles que feuilletonistes, comédiens, pho-
» tographes, ambassadeurs, etc., etc.

» Moyennant quoi, le sieur Moreau, dit *O'Flanchard*,
» s'engage, de son côté :

» 1° A compter audit sieur G.....i la somme de qua-
» tre cent cinquante francs, payables de la manière sui-
» vante ; savoir : deux cent vingt-cinq francs aujour-
» d'hui, et les autres deux cent vingt-cinq francs une
» demi-heure avant le concert ;

» 2° A lui remettre une moyenne de deux cents billets
» de stalles et de quatre-vingts places de pourtour ;

» 3° A lui tenir compte d'une gratification supplé-
» mentaire de deux francs par chaque tête de célébrité,
» — au-delà du nombre exigible précité plus haut.

» Fait double et de bonne foi entre les parties sous-
» signées ; à Paris, le 15 mars 1860.

» G.....i

» *Approuvant l'écriture ci-dessus :*

» F. L. Moreau, dit *O'Flanchard*. »

III

Spécimen de la grande affiche jaune du concert. — Modèle de
toutes les séductions artistiques. — Irrésistible programme.

SALLE HERZ

48, rue de la Victoire.

LE DIMANCHE 1er AVRIL, A 8 HEURES PRÉCISES;

GRAND CONCERT

DONNÉ PAR

O'FLANCHARD

PIANISTE DE S. A. R. LA GR.-DUCHESSE DOUAIRIÈRE WILHELMINE
DE HOCH-STUERN-STURN

AVEC LE CONCOURS DE MM. LETURC, TÉGUMENT, BARBÉZIEUX
ET Mme VAN-BEDEN-BEDEN-DEN

Première chanteuse du théâtre de Berg-op-zoom.

PROGRAMME

PREMIÈRE PARTIE

1° Ouverture du *Tannhauser*..................................... CHAMPFLEURI.
2° Air varié pour violoncelle, exécuté par M. Tégument.......... TÉGUMENT.
3° *Adieu, patrie !* — *Allegro rapido*, exécuté par M. O'FLANCHARD. O'FLANCHARD.
4° Duo de l'*Ambassadrice*, par M. Leturc et madame Van-Beden-
   Beden-den... AUBER.
5° *Quoi qu'ça te fait, Jeannette ?* chansonnette comique exécutée
   par M. Barbézieux.. HENRION.

DEUXIÈME PARTIE

1° Ouverture des *Bourgeois de Molinchart*..................... R. WAGNER.
2° Duo en *si bémol* pour piano et violoncelle, exécuté par MM. O'FLAN-
   CHARD et Tégument.. BEETHOVEN.
3° Cavatine du *Barbier*, par madame Van-Beden-Beden-den...... ROSSINI.
4° *Souvenir des Remparts de Namur*, — la *Sieste des Cigales*, —
   Chœur de Graminées, exécutés par M. O'FLANCHARD....... O'FLANCHARD.
5° Prélude de Bach pour violoncelle, exécuté par M. Tégument.... S. BACH.
6° *J'vas te cogner !* chanson villageoise, exécutée par M. Barbézieux. HENRION.

LE CONCERT SERA TERMINÉ PAR

SIGNE D'ARGENT

Opérette en un acte, paroles de M. Clairville, musique de M. O'FLANCHARD
Exécutée par M. LETURC et Mme VAN-BEDEN-BEDEN-DEN.

Stalles réservées : **10 fr.** — Pourtour : **5 fr.**

On peut se procurer des billets à la salle Herz et chez tous
les marchands de musique.

IV

Le grand jour. — Comment et par qui O'Flanchard est rappelé. — Le doyen des pianistes. — Dernières et belles paroles de O'Flanchard.

LE PUBLIC DES STALLES. — Bravo ! Bravo !

LE PUBLIC DU POURTOUR. — Vive O'Flanchard ! vive notre grand pianiste ! (*O'Flanchard, très-ému, s'incline profondément ; ses cheveux couvrent le piano.*)

UN VIEILLARD, *couvert de fourrures, se précipitant sur l'estrade.* — Laissez-moi, il faut que je le serre dans mes bras ! O maître ! (*Il prend O'Flanchard par le milieu du corps.*)

O'FLANCHARD. — Merci, merci... vous m'étouffez. Qui êtes-vous ?

LE VIEILLARD. — Je suis le doyen des pianistes... cher enfant ! type du véritable musicien !

LE PUBLIC DES STALLES. — Bravo ! bravo !

LE PUBLIC DU POURTOUR. — Vive O'Flanchard !

O'FLANCHARD. — Mais lâchez-moi ; je ne peux pas respirer.

LE VIEILLARD, *à voix basse.* — Vous ne me reconnaissez donc pas ? c'est moi, G.....i, votre entrepreneur... Eh bien, êtes-vous content ?

O'FLANCHARD, *avec hauteur.* — Monsieur, sachez que je n'ai rien de commun avec vous.

LE VIEILLARD. — Ingrat! vous reviendrez me chercher l'année prochaine.

O'FLANCHARD. — Écoutez ces témoignages d'admiration, et dites si ce sont des bravos salariés!

LE VIEILLARD, *stupéfait*. — Elle est forte, celle-là!

O'FLANCHARD. — Demain, je pars pour ma grande tournée d'Allemagne.

LE VIEILLARD. — Oui, j'entends... une retraite de deux mois à Montmartre. (*Il descend de l'estrade.*)

LE PUBLIC DES STALLES. — Bravo! bravo!

LE PUBLIC DU POURTOUR. — Vive O'Flanchard!

V

LES SUIVEURS

CONSIDÉRATIONS GÉNÉRALES

Suiveurs de femmes, s'entend.

C'est une spécialité érotique, qui a pris, de nos jours, un développement considérable.

Certainement, il y a eu des suiveurs à toutes les époques : les faunes suivaient les nymphes dans les bois, Alcibiade suivait Naïs et Glycérion dans le faubourg du Céramique; le duc de Richelieu suivait les grisettes sous les marronniers du Palais-Royal.

« Ma jolie demoiselle, oserais-je hasarder de vous offrir mon bras et ma conduite? » — Qui dit cela? Faust, un suiveur, enseigné par Gœthe.

Mais, quelque grande qu'ait été la foule des suiveurs d'autrefois, elle ne peut s'égaler à celle des suiveurs d'aujourd'hui, plus nombreux que les étoiles du firmament, que les grains de sable du rivage de la mer, que les fautes de français de M. Scribe.

Tout le monde suit maintenant, —ou peu s'en faut, — le pauvre comme le riche, le titi comme le gentilhomme.

Suivre n'était jadis qu'un plaisir ou une fatalité ; le XIXᵉ siècle en a fait une science.

Aphorisme. — On ne suit qu'à Paris.

§ II

DISTINCTIONS

Il y a suiveur et suiveur.

N'est pas suiveur :

1° L'homme qui suit sa femme ou sa maîtresse pour se convaincre d'une infidélité ;

2° Celui qui suit une fois par hasard, — pour voir ce que c'est, — et qui ne suivra plus ;

3° Le flâneur.

Je n'ignore pas que ce dernier a cependant des prétentions à être suiveur. Erreur énorme autant que risible ! Le flâneur est précisément l'antipode du suiveur ; — un rien l'arrête et le distrait : un embarras de voitures, une vente à la criée, une affiche qu'on pose, un ami qui lui serre la main, un bouton de son gilet qui saute, une révolution qui passe. Il perd à chaque minute l'objet qu'il suit — ou plutôt qu'il croit suivre.

Le vrai suiveur ne connaît ni rencontres ni obstacles. Dès qu'il suit, il ne s'appartient plus. Il va, les yeux fixés sur le but, roulant à travers la foule, se glissant comme par miracle entre deux roues de coupés, ne rendant aucun salut, inaccessible à la surprise, à la pitié, à l'enthousiasme ; pardonnant à ceux qui coudoient, et coudoyant sans offrir d'excuses. Il est l'image du destin.

§ III

CLASSIFICATIONS

LES SUIVEURS DE JOUR. — LES SUIVEURS DU BOULEVARD. ES SUIVEURS DES JARDINS. — LES SUIVEURS EN OMNIBUS. — LES SUIVEURS EN CHEMIN DE FER.

Les suiveurs se divisent et se subdivisent en une infinité de genres et de sous-genres.

Il y a d'abord le suiveur diurne et le suiveur nocturne, de la même façon qu'il y a le papillon de jour et le papillon de nuit.

Il faut admirer sans réserve le suiveur de jour, celui qui *travaille* à la clarté du soleil. Celui-là est un motel d'une essence supérieure. — Il est indispensable, par exemple, qu'il ait hanté l'école de la Palférine, pour y apprendre l'audace, la sérénité et le goût de l'imprévu.

Les boulevards, et par extension les Champs-Élysées, représentent le quartier général des suiveurs de jour. — Il en est qui, absolus dans leurs habitudes ou leurs systèmes, ont adopté un boulevard et ne le dépassent jamais. Si la femme qu'ils suivent n'est pas subjuguée à la hauteur de la Chaussée-d'Antin, ou si elle prend tout à coup une rue de traverse, ils l'abandonnent brusquement, quelque progrès qu'ils aient pu faire dans son esprit.

J'ai dit — subjuguée — par politesse ; mais le mot exact et emprunté à la vénerie est : *levée*.

Après les boulevards, les jardins publics sont les endroits les plus affectionnés des suiveurs de jour. Les Tuileries, dont la physionomie se renouvelle plusieurs fois du matin au soir, viennent en première ligne ; les employés de ministères en sont, après les ramiers, les hôtes naturels. — On les voit, tantôt suivre une bonne fortune facile sur la terrasse des Feuillants ; tantôt, plus romanesques, s'enfonçant sous les arbres touffus qui versent l'ombre au sanglier d'Érymanthe, emboîter le pas d'une Galatée qui replie précipitamment sa broderie dans sa fuite. De plus habiles suivent tranquillement une dot autour du grand bassin, en ne dédaignant pas d'expliquer aux familles de province les mystères du jet d'eau et les habitudes des poissons rouges.

Le Palais-Royal a, depuis un temps immémorial, la spécialité des vitrines de bijouterie, miroirs qui ne manquent jamais leur effet sur les alouettes du jardin. La partie est belle pour le suiveur, lorsque par-dessus l'épaule d'une femme en contemplation devant des pierres brillantes il peut murmurer :

— Est-ce que vous avez arrêté votre choix, madame, sur quelques-uns de ces bijoux... moins éclatants que vos yeux? Voici des boucles d'oreille qui feraient merveilleusement bien sous vos beaux cheveux blonds... Peut-être remarquez-vous cette bague ?

Et autres banalités de même espèce, qui sont comme ces indispensables accords par lesquels on prélude à une importante symphonie.

Au Luxembourg, ce magnifique coin de verdure, les suiveurs sont des étudiants, — et quelquefois des professeurs. Ces derniers descendent discrètement dans la pépinière.

On suit beaucoup au Jardin des Plantes, dans le labyrinthe du cèdre, le long de la fosse aux ours et devant le palais des singes. Messieurs les militaires y règnent presque exclusivement. — Jolis suiveurs, nos guerriers, et plus forts qu'on ne semble le croire !

Nous avons encore d'autres suiveurs de jour, — des spécialistes, tel que le suiveur dans les musées, mâtiné de cicérone, et particulièrement à l'affût des étrangères. C'est un des plus intelligents : il a chaud en hiver, il a frais en été, il se meut librement dans un milieu doré ; rien ne l'empêche, selon les circonstances et selon les personnes, de se donner pour un riche amateur ou pour un artiste de génie. Qu'une *lady* paraisse indécise en consultant le livret, il ondule adroitement jusqu'à elle et laisse tomber ces mots :

— Ce tableau est de Corrége, madame... dans son second style... la tête de Diane est ravissante, n'est-il pas vrai ?... Et ces petits Amours... comme on leur pardonne leur nudité en faveur de leur grâce !

Le suiveur en omnibus procède plus bourgeoisement, et nous jurerions presque qu'il a le portrait de Paul de Kock dans son alcôve. Plusieurs chances d'entrer en conversation lui sont offertes.

La première :

— On est bien gêné dans ces omnibus... Ne craignez pas d'appuyer de mon côté, madame... c'est la mort aux toilettes.

Si la femme répond : « Oh ! vous avez bien raison, monsieur ! » un grand pas est fait. Par malheur, il arrive assez souvent que c'est une grosse voisine d'en face qui répond, en rangeant autant de chair que d'étoffe, le : « Vous avez bien raison ! »

Deuxième chance :

— Voilà votre monnaie, madame... Ces conducteurs ont la rage de rendre des sous d'une malpropreté... Voulez-vous que je vous les change ?

La dame sourit ou ne sourit pas. — Les autres chances sont entièrement du ressort du hasard. Un dernier recours est cependant réservé au suiveur : c'est le cas où la dame jetterait au conducteur de l'omnibus ces mots providentiels :

— Conducteur, vous m'arrêterez au coin de la rue Bleue.

Le suiveur, alors, ne se sent pas de joie, et cinq minutes ne se sont pas écoulées qu'il s'écrie :

— Eh bien ! conducteur, madame vous a dit de l'arrêter au coin de la rue Blanche.

Il est évident que la femme sera forcée de répondre :

— Mais non… Conducteur, n'arrêtez pas ! Vous vous trompez, monsieur.

— Cependant, madame, vous avez dit…

— J'ai dit : rue Bleue, monsieur.

— Pardonnez un excès de zèle… j'avais entendu : rue Blanche.

— Oh ! il n'y a pas de mal, monsieur.

— Blanche ou Bleue, d'ailleurs, ce n'est qu'une question de couleur…

— Et de distance, monsieur ; etc., etc.

Après le suiveur en omnibus, il y a le suiveur en chemin de fer. C'est le plus déterminé. Méry a raconté, dans la *Chasse au chastre*, l'histoire d'un honnête Marseillais qui, parti de la Canebière à la poursuite d'un oiseau, ne s'arrête qu'à Naples. Tout suiveur a en lui l'étoffe d'un chasseur au chastre. « — Je vous suivrai jusqu'au bout du monde ! » est une des exclamations les plus usitées au théâtre.

Au bout du monde ! Ici finit naturellement la nomenclature des suiveurs de jour.

§ IV

ERRATUM

J'allais oublier un des sous-genres les plus intéressants, et à coup sûr le plus original :

LE SUIVEUR PERPENDICULAIRE

C'est ce monomane qui suit :
Dans les tours de Notre-Dame ;
Dans la lanterne du Panthéon ;
Dans l'arc de triomphe de l'Étoile ;
Dans la colonne de Juillet ;
Et dans la colonne Vendôme.
La vie n'est pour lui qu'une longue spirale au bout de laquelle il rêve le bonheur.

§ V

SUITE DES CLASSIFICATIONS.

LES SUIVEURS NOCTURNES. — LES OFFREURS

Les suiveurs nocturnes constituent, il faut bien le dire, la majorité.

Nous sommes loin de les mépriser; mais nous devons leur reconnaître à un degré moindre les qualités d'imagination, de vaillance et d'originalité qui distinguent les suiveurs de jour.

Ce n'est pas que quelques-uns d'entre eux n'empruntent souvent aux ténèbres des inspirations d'un ordre remarquable. Les douces fumées d'un repas heureusement combiné leur fournissent quelquefois des saillies irrésistibles ou, dans tous les cas, une bonne humeur qui leur tient lieu d'éloquence. D'ailleurs, la nuit porte en elle son ivresse. Étoilée et chaude, elle communique aux sens une sorte de poésie; sombre et froide, elle détermine une irritation qui active le sang et fait vibrer la voix.

Vers huit heures, la rue Saint-Denis et la rue Saint-Martin lâchent leurs suiveurs d'ouvrières, — race mélangée, — qui commence à la blouse blanche pour finir à l'habit noir, en passant par le paletot sournois. L'éternel roman de la séduction se recommence là invariablement, chaque soir, avec ses mêmes émotions, ses mêmes moyens, — ses mêmes phases et ses mêmes phrases. Suiveurs et suivies s'en vont alors par bandes assez régulières, par essaims, pour se perdre dans les hauts faubourgs...

On ne s'attend pas sans doute au dénombrement exact des suiveurs de nuit. Autant vaudrait me demander la flore complète de la Sénégambie. Quelques indications générales sur leurs habitudes suffiront, je pense, à l'avidité raisonnée de mon lecteur.

Les suiveurs, et surtout les suiveurs nocturnes, sont nécessairement offreurs. On ne comprendrait pas un suiveur avare. — Ils offrent donc, dans la gradation suivante :

Leur bras ;
Une moitié de leur parapluie ;
Une voiture ;
Un souper.

Quelques-uns d'entre eux offrent bien leur bourse, mais nous n'avons pas à nous occuper de ceux-là. Ce sont des suiveurs sans conviction, sans foi en eux-mêmes, pressés d'arriver à un résultat, — des *gâte-métier* en un mot.

Vers minuit, tous les suiveurs nocturnes se confondent en un seul genre : les suiveurs de la fin des spectacles.

Avant d'aborder quelques variétés hors de tout cadre, nous voulons donner un résumé pratique des banalités qui s'échangent le plus fréquemment dans ces entretiens en plein air.

§ VI

LE CATÉCHISME DU SUIVEUR

DEMANDE. — Mon Dieu! madame... n'ai-je pas eu le plaisir de vous rencontrer chez madame Lagrange? (Nuances : Le *Mon Dieu! madame*, peut se remplacer par *Pardon, madame;* — le *plaisir* par *l'honneur* ou *l'avantage*, — et *madame Lagrange* par le *dernier bal de l'ambassade d'Angleterre* ou *chez Titine*, selon la tournure, la toilette et la physionomie de la femme qu'on suit.)

RÉPONSE. — Non, monsieur.

D. — C'est étonnant... absolument le même son de voix. Mais, madame, vous êtes infiniment plus gracieuse, et je m'applaudis de mon erreur... une erreur qui me procure l'occasion de voir une des plus jolies femmes de Paris. (Nuances : régler le pas sur celui de la personne suivie.)

R. — Monsieur, je vous prie de me laisser continuer mon chemin en liberté.

D. — Mais, madame, en quoi vous suis-je un obstacle? (Nuances : en procédant par interrogation, on a deux chances sur dix d'obtenir une réponse.)

R. — Vous me faites remarquer.

D. — Je ne vous répondrai pas, madame, que vous

avez tout à y gagner... mais je vous prierai de considérer qu'il est impossible de vous accompagner plus respectueusement que je le fais.

R. — Mais, monsieur, je ne veux pas être accompagnée.

D. — Il vous est bien aisé de dire : Je ne veux pas... L'obéissance, en pareil cas, serait une incivilité dont je ne peux pas me rendre coupable... au point où nous en sommes. (Nuances : ne pas redouter de déterminer de légères irritations.)

R. — Comment! au point où nous en sommes?

D. — Certainement; nous ne sommes déjà plus des étrangers l'un pour l'autre. Quoi qu'il arrive, je suis certain de ne jamais oublier vos traits... et vous... (Nuances : suspension insidieuse amenant un résultat infaillible.)

R. — Et moi?

D. — Vous m'avez regardé deux fois.

R. — Pour mieux retenir le visage d'un impertinent, monsieur! (Nuances : dès qu'une femme cède à la tentation de faire un mot, elle creuse un abîme sous ses pas.)

D. — Il n'y a rien de plus impertinent, madame, que les impressions spontanées... elles ont cependant un mérite de franchise qu'on ne peut méconnaître... et si vous consentiez à m'entendre...

R. — Il me semble, monsieur, que lors même que

je n'y consentirais pas, j'y serais bien forcée par votre insistance. (Nuances : ici la résistance mollit.)

D. — Mon insistance, madame, est la preuve de ma sincérité.

R. — Eh bien, monsieur, voyons, que me voulez-vous?

§ VII

PARENTHÈSE

Au fait, qu'est-ce que veut un suiveur?

Nous répondrons à cette question dans notre douzième paragraphe.

§ VIII

DE LA PLUIE

Dès qu'il pleut, — tout Paris devient suiveur.

C'est un fait acquis à la physiologie et à l'histoire.

Il est vrai que c'est à Paris seulement que les femmes savent se chausser et relever la robe à l'endroit où la jambe prend le nom ridicule de mollet.

On ne saurait s'imaginer combien une petite pluie tiède et coupée de rayons de soleil a de pouvoir sur les esprits prodigieusement actifs des Parisiens. Dès les premières gouttes, on a vu tout à coup des avocats tourner le dos au palais de justice, des agents de change oublier l'heure de la bourse, des officiers manquer la parade, — tout cela pour suivre une bottine lacée d'or ou un petit soulier à moitié englouti sous une bouffette de rubans.

§ IX

VARIÉTÉS DE SUIVEURS

LE SUIVEUR TIMIDE. — Madame, je... Oh! n'ayez pas peur, ce n'est rien... c'est moi qui... eh bien! non, je ne vous parlerai plus... mais cette rue est si déserte que j'ai osé... j'ai pensé... je ne voudrais pour rien au monde vous offenser... croyez-le, madame... il y a là un ruisseau, prenez garde! si vous saviez ce qu'en vous voyant j'ai ressenti... ce n'est pas la première fois... oh! non... n'allez pas m'en vouloir... je ne m'exprime pas comme je voudrais... c'est l'émotion... je ne suis pas accoutumé... et puis, il fait si chaud... ouf!

LE SUIVEUR BUTOR. — Hein? Vous ne répondez pas. Pourquoi? Est-ce que je vous fais peur? Quand on vous dit que vous êtes délicieuse! Entendez-vous : délicieuse. Combien de fois faut-il vous le répéter, morbleu? Vous ne voulez pas répondre? Dans quel diable de quartier allez-vous? On patauge jusqu'au cou; c'est dégoûtant! Est-ce que vous êtes faite pour habiter par ici? Jamais! vous valez mieux que ça, ventrebleu! C'est moi qui vous le dis. Je ne fais pas de phrases, moi. Je laisse ça aux jolis cœurs, moi. Je suis franc, c'est clair. Pouvez-vous me recevoir? Hein? Quoi? Qu'est-ce que vous dites? Mariée? Qu'est-ce que ça me fait! Moi aussi, je suis marié, nom d'un boulet! Ça ne prouve rien, ça. Quel chien de temps!

LE SUIVEUR CURIEUX. — Voilà deux heures et demie que je vous suis, madame, mais avec une discrétion telle que vous n'avez pas dû vous en apercevoir, je le parierais. Je vous ai *prise* à la pointe Saint-Eustache, comme vous sortiez de la maison n° 2. Vous avez remonté toute la rue Montmartre jusqu'à la *Ville de Paris*, où vous êtes entrée et où vous êtes restée vingt minutes environ. Je vous ai attendue. Ensuite, vous vous êtes dirigée par les boulevards jusqu'au marché aux fleurs du Château-d'Eau. Vous aviez rabaissé la voilette de votre chapeau. — Ne m'interrompez pas, madame, je vous en supplie. — A peine arrivée au marché aux fleurs, vous avez été accostée par un monsieur qui paraissait être là depuis quelque temps. Vous vous êtes promenée avec lui pendant trois quarts d'heure; je les ai comptés. Vous vous retourniez souvent. Il vous a remis une lettre; elle est dans votre sac de cuir. —

Maintenant, il est six heures, et nous sommes dans la rue Rochechouart. Permettez-moi une question, madame : est-ce que vous allez me mener encore bien loin? — Ne rougissez pas; je serai discret.

LE SUIVEUR MONOSYLLABIQUE.—Charmante... hum !... madame... permettez-moi... occasion... hum !... écoutez... jolie... adresse... dites... cruauté... hum !... riche... sacrifices... jolie... madame... hum...

LE SUIVEUR INGÉNIEUX. — Madame! madame!... oui, vous, madame, vous venez de perdre cette pièce de vingt-cinq centimes... Comment! elle n'est pas à vous... Ah! cela est trop fort! j'avais bien cru pourtant la voir tomber... Mais alors, madame, cette somme est à nous deux, et notre devoir est de la partager... Je n'ai malheureusement pas de monnaie sur moi... La garder pour moi seul, dites-vous? Non, madame, ma conscience me le défend... Mais voici un restaurant, rien ne nous empêche d'y entrer de compagnie; nous ferons changer cette pièce de vingt-cinq centimes, objet du litige.

VI

UNE PAIRE DE GIFLES

A L'ORCHESTRE D'UN PETIT THÉATRE

UN SPECTATEUR. — Vlan ! et vlan !

UN AUTRE SPECTATEUR. — Misérable !

VOIX. — Séparez-les… Messieurs, voyons, messieurs ! (*Tumulte.*)

DES VOISINS. — Qu'est-ce que c'est ?

UN INDIFFÉRENT. — Une paire de gifles.

LES VOISINS. — Et sait-on pourquoi ?

L'INDIFFÉRENT. — C'est un monsieur qui réclame sa stalle, je crois.

LA CLAQUE. — A la porte ! à la porte !

M. HOMAIS. — Je ne comprends pas que des gens sensés se laissent aller à des écarts aussi répréhensibles…

On ne vient pas au théâtre pour se disputer... Il y a d'autres endroits. (*Il se mouche.*)

UN APPARTEMENT DE GARÇON

SAINT-JULES, *à deux témoins.* — Messieurs, je ne me dissimule pas la gravité de l'offense que j'ai faite hier soir à M. Engoulevent; mais, loin de m'en trouver marri, vous me voyez au contraire parfaitement convaincu de mon bon droit et de la nécessité de mon moyen de répression. M. Engoulevent, que je n'avais jamais vu de ma vie avant la première représentation des *Hussards de l'amour*, a eu le tort immense de s'incruster dans mon fauteuil d'orchestre, n° 71, sous le frivole prétexte que je ne l'occupais pas, et le tort non moins exorbitant de se refuser ensuite à ma légitime réclamation. C'est alors que j'ai infligé à M. Engoulevent un châtiment spontané, dont je m'applaudissais encore tout à l'heure, en faisant ma barbe. Je n'ignore pas les lois du point d'honneur, messieurs : me refusant à regretter ce que vous appelez un mouvement de vivacité, je sais que l'usage m'enjoint d'accorder à M. Engoulevent une satisfaction par les armes. J'obéirai à l'usage. Ce fait acquis, permettez-moi une observation et une demande. M. Engoulevent, à qui appartient, selon vous, le choix des armes, choisit l'épée. Or, l'éducation

incomplète que je dois à ma famille, les nécessités d'une
existence souvent précaire, mille hasards enfin, joints
à un fond naturel d'insouciance, m'ont toujours tenu
éloigné des salles d'escrime. Je n'ai jamais touché un
fleuret. J'accepte cependant l'arme de M. Engoulevent,
je m'empresse de vous le déclarer. Seulement, ne vous
paraît-il pas convenable, aussi bien pour M. Engoulevent que pour moi, de m'accorder un délai déterminé,
afin que je puisse apprendre, sinon à lutter, du moins
à tomber avec grâce? Telle est, messieurs, la question
que je soumets à votre compétence.

LES TÉMOINS. — Soit, monsieur, nous vous donnons
un délai de trois mois.

LA VIE EN PARTIE DOUBLE

Le théâtre est coupé en deux, comme dans *Indiana et Charlema-*
gne et Bonsoir, voisin.

COTÉ SAINT-JULES

SAINT-JULES, *à M. Gâte-*
chair, professeur d'es-
crime. — Monsieur, je
viens chez vous, attiré par
votre réputation d'abord,
et ensuite par votre nom,
dont l'énergie significative

COTÉ ENGOULEVENT

ENGOULEVENT, *seul.* —
Ainsi donc, il y a par le
monde un être que je ne
connaissais pas avant-hier
et que je ne reconnaîtrais
pas aujourd'hui; un hom-
me qui m'a traité d'im-

4.

me plaît et semble offrir une garantie à mes projets homicides. — Monsieur Gâtechair, je me bats dans trois mois, jour pour jour. Malheureusement j'ignore l'épée, autant que le fils Ducantal ignorait le trombone. Pouvez-vous, dans le délai précité, me mettre en mesure de disputer ma vie, à laquelle j'ai plusieurs raisons particulières de tenir?

M. GATECHAIR. — Je le crois, monsieur, sans toutefois répondre de rien. Cela dépend de vos dispositions et de beaucoup de circonstances.

SAINT-JULES. — Eh bien, monsieur, commençons.

pertinent, qui m'a frappé publiquement au visage (le sang de la colère m'en monte au yeux quand j'y pense!). Cet homme va, pendant trois mois, s'occuper exclusivement des moyens les plus propres à ma destruction. — Trois mois! il faut convenir que mes témoins en ont agi libéralement avec lui. Je sais bien, ma force à l'épée étant connue, qu'ils ne pouvaient décemment lui refuser sa demande. Mais trois mois! pourquoi pas trois ans? un mois lui suffisait pour se faire honorablement blesser. — N'importe! dans trois mois ce monsieur Saint-Jules recevra une correction dont il gardera le souvenir, je le jure!

Quinze jours après

LE PRÉVOT *de M. Gâte-chair, à Saint-Jules.* —Recevez mes compliments; vous allez bien, très-bien. Le jarret a de l'assiette, le bras a du ressort.

SAINT-JULES. —Vous êtes trop bon.

LE PRÉVOT. — Non, je parle sincèrement. Ce qui me charme en vous, c'est surtout votre sang-froid.

SAINT-JULES. — Je l'ai toujours eu.

LE PRÉVOT. —Une qualité inestimable! Avez-vous de la fortune?

SAINT-JULES. —Peu.

LE PRÉVOT. — De la famille?

SAINT-JULES. — Plus.

LE PRÉVOT. — De l'ambition?

SAINT-JULES. — Pas.

LE PRÉVOT.—De l'amour?

SAINT-JULES. — Prou.

LE CONCIERGE. — Une lettre pour monsieur.

ENGOULEVENT. —Merci. De Buenos-Ayres et cachetée de noir! Ce doit être de mon oncle qui est dans les cacaos. (*Lisant.*) Ah! mon Dieu! il est décédé, me léguant une fortune considérable. Une fortune; cela est écrit. Je n'y comptais pas si tôt, le ciel m'en est témoin; mais puisque la voici, qu'elle soit la bien arrivée. Mon cher oncle, que j'ai toujours vénéré de son vivant, ne trouvera pas mauvais que je me réjouisse de ce qui vient de lui. Il devait bien d'ailleurs s'y attendre un peu, en testant. (*Attendri.*) L'heure de la délivrance a sonné pour lui : il était dans les cacaos, il est dans le ciel à présent!

LE PRÉVOT. — Vous êtes dans les meilleures conditions pour vous battre. Vous sentez-vous las? Désirez-vous vous reposer?

SAINT-JULES. — Non.

LE PRÉVOT. — Bravo! recommençons. (*Ils ferraillent.*)

Un mois après

UN AMI. — Ah çà! dis donc, Saint-Jules, il paraît que tu mènes une existence passablement dissipée depuis quelque temps. Est-ce vrai? On prétend que tu n'as pas assez de fenêtres pour jeter ton argent...

SAINT-JULES. — C'est vrai, mais j'en fais percer.

L'AMI. — Tous les jours des parties de plaisir!

— Une fortune! à quoi vais-je l'employer? quels sont ceux de mes rêves que je réaliserai les premiers? Hésitation délicieuse! horizon tendu de félicités! Je veux acheter du terrain dans le haut du faubourg du Temple... (*Sombre.*) Diable! moi qui ne pensais plus à ce maudit duel!

Un mois après

UN AMI. — Pars-tu avec nous, Engoulevent? Nous allons faire un voyage adorable, Léon et moi, en Espagne, avant que les chemins de fer aient entièrement ruiné les *sierras*. Pars avec nous, Engoulevent.

ENGOULEVENT. — Je ne peux pas.

L'AMI. — L'été est intolérable à Paris, tu le sais

SAINT-JULES. — Ajoute : et toutes les nuits.

L'AMI. — Au train dont tu cours, tu n'auras plus le sou dans un an, Saint-Jules.

SAINT-JULES. — Qu'est-ce que cela me fait? Je me bats dans six semaines.

L'AMI. — Avec qui?

SAINT-JULES. — Un M. Engoulevent, une lame de première force. Ma foi! à tout hasard, je me hâte de jouir; je me couronne de roses comme les anciens. Cela ne me va pas trop mal, n'est-ce pas?

L'AMI. — C'est différent, et tu as peut-être raison. Adieu, Saint-Jules. Adieu et bonne chance.

SAINT-JULES, *seul*. — Le fait est que mes derniers moments seront fort doux, grâce à ce duel. (*Il s'éloigne en fredonnant.*)

bien. Dans quinze jours, il n'y aura plus que toi sur le boulevard. Pourquoi préférer le ridicule à notre compagnie? Tu es riche et libre, Engoulevent.

ENGOULEVENT — Riche, oui; libre, non. Je me bats dans six semaines.

L'AMI. — Avec qui?

ENGOULEVENT. — Le premier venu, un M. Saint-Jules.

L'AMI. — A propos de quoi?

ENGOULEVENT. — J'ai reçu une paire de gifles.

L'AMI. — Quoi! toujours cette ancienne affaire? je la croyais terminée depuis longtemps. C'est différent, alors. Adieu, Engoulevent. Adieu et bonne chance.

ENGOULEVENT, *seul*. — Je les aurais volontiers accompagnés sans ce duel. Quel ennui! (*Il s'éloigne, soucieux.*)

Deux mois après

SAINT-JULES, *dans un boudoir, couché aux pieds de Cydalise.* — Fais-moi une cigarette.

CYDALISE. — Que tu es beau, mon Saint-Jules!

SAINT-JULES. — Tu trouves?

CYDALISE. — Fais donc semblant de l'ignorer, mauvais sujet!

SAINT-JULES. — La peste m'étouffe si je savais être beau, il y a deux mois! C'est l'approche de ce duel qui m'a donné la beauté, comme elle m'a déjà donné l'aplomb et l'audace. Je puis te dire cela à toi, Cydalise; il existait en moi un homme que je ne soupçonnais pas. En deux mois, je me suis absolument transfiguré. Mon intelligence s'est éclairée à *giorno;* j'ai touché à un

Deux mois après

ENGOULEVENT, *dans un jardin, donnant le bras à une jeune fille.* — Chère Anna, appuyez-vous sur moi. La belle journée de printemps, n'est-il pas vrai?

ANNA. — Quand nous serons mariés, me mènerez-vous souvent au bal?

ENGOULEVENT. — Autant que vous le souhaiterez, mon âme!

ANNA. — Et vous m'aimerez... toujours?

ENGOULEVENT. — Toujours! (*Pâlissant.*) N'avez-vous pas entendu?

ANNA. — Quoi donc?

ENGOULEVENT. — Comme un cliquetis, un bruit d'armes de ce côté de la charmille...

ANNA. — C'est bien possible... Notre voisin de campagne est un profes-

monde nouveau de sensations. Si je meurs, j'aurai du moins vécu.

CYDALISE. — Oh! tu ne mourras pas, mon idole! D'abord, je ne le veux pas, moi!

Deux mois et demi après

LE VICOMTE DE TAPINOIS, *un verre à la main.* — Messieurs, je propose un toast à notre cher amphitryon, à Saint-Jules.

TOUS. — Oui! oui! à la santé de Saint-Jules! à Saint-Jules! à Saint-Jules!

LE BARON DE ROCLOR. — Le déjeuner qu'il vient de nous offrir n'est pas un déjeuner (*murmures*); c'est un poëme!

TOUS. — Oui! oui! c'est un poëme! c'est deux poëmes! A Saint-Jules!

SAINT-JULES, *se levant.* — Messieurs...

seur d'escrime... Il s'amuse sans doute avec ses élèves.

ENGOULEVENT. — Rentrons, mon Anna. L'air se fait froid.

Deux mois et demi après

M. BOULANDO, *à Engoulevent.* — Voyons, mon futur gendre, il faudrait pourtant en finir. Est-ce que ma fille Anna ne vous convient plus? Est-ce que vos sentiments pour elle ne seraient plus les mêmes? Répondez, je veux que vous vous expliquiez franchement.

ENGOULEVENT. — Mon cher monsieur Boulando, j'aime, j'adore votre charmante demoiselle; et mon plus vif souhait est de l'épouser.

M. BOULANDO. —Eh bien!

TOUS. — Silence !

SAINT-JULES. — Messieurs et chers amis, vous me voyez ému jusqu'aux larmes de ces précieuses marques de sympathie. Il est doux, aux heures décisives, de se sentir ainsi environné... Un de mes meilleurs et de mes plus anciens camarades de collége, M. de Roclor, vient, avec une bienveillance exagérée, de qualifier ce modeste déjeuner de poëme. Peut-être n'était-ce pas poëme qu'il convenait de dire, mais élégie. Ce banquet représente en effet mes adieux à la vie, et je vous remercie d'avoir bien voulu y assister .. ô mes amis, mes bons amis!... la reconnaissance me déborde. — Nous allons passer au café.

TOUS. — A Saint-Jules !

quand signons-nous le contrat ?

ENGOULEVENT — Laissez-moi encore quelques jours.

M. BOULANDO. — Mais, sabre de bois! je vous en ai déjà assez accordé, je crois. Vous savez combien j'ai hâte de me retirer dans le Cateau-Cambrésis, ma province natale. Signons.

ENGOULEVENT. — Il ne me reste plus que quelques petites affaires à terminer.

M. BOULANDO. — Vous me promenez depuis trop longtemps. Ceci n'est pas naturel, mon gendre.

ENGOULEVENT, *à part*. — Je ne peux cependant pas me marier la veille de mon duel !

Trois mois après.

SAINT-JULES, *seul.* — Mon duel ! — C'est demain qu'expire le délai que m'a accordé mon adversaire. Me voici arrivé sur ce seuil terrible... *To be or not to be...* Caton d'Utique... je sais bien... le thème est beau et peut fournir encore d'intéressantes amplifications. Mais je préfère m'exercer une dernière fois et tirer au mur. — Mes témoins sont en route pour aller trouver ceux d'Engoulevent. Encore un ou deux tours de soleil, et mon destin sera décidé. — Une, deux ! une deux ! bon ! Gâtechair applaudirait à cette botte. — Je le hais, cet Engoulevent ! je voudrais lui arracher le cœur de sa poitrine de spadassin et le dévorer sans assaisonnement ! —

Trois mois après.

ENGOULEVENT, *seul.* — Mon duel ! — C'est demain qu'expire le délai demandé par mon adversaire, et je n'ai encore reçu aucune de ses nouvelles. Voudrait-il se dérober à ma juste vengeance ? — Eh bien ! ma foi, il ferait sagement ! et, cela dût-il paraître bizarre, je ne courrais pas après lui. Non ! On a raison de dire que le temps guérit tout ; je n'en veux presque plus à ce garçon de sa paire de gifles. Est-ce parce que trois mois ont passé par là-dessus ? Est-ce parce que me voilà riche et heureux ? Je ne sais ; mais je me sens singulièrement porté vers l'indulgence. — Il aura été cacher sa honte à l'étranger, très-probablement ; c'est ce qu'il avait de

Entretenons ma haine; figurons-nous que cette muraille est le torse immonde d'Engoulevent. — A toi, Engoulevent! tiens, à la gorge! tiens, au ventre! tiens, à la cuisse! tiens, au bras! Meurs, Engoulevent! Purgeons la terre d'Engoulevent! Encore ce coup, vile engeance! et celui-ci, scélérat! et cet autre, dzag! dzag! dzag! — Hourra! — Il respire encore; achevons-le; pas de pitié pour Engoulevent! A sac! à sac! hue! ouf! plus sensé à faire. Allons, tout est pour le mieux. J'ai beau être brave comme Roland, la perspective continuelle de ce duel m'agaçait plus que je ne saurais l'avouer. J'y pensais malgré moi. Cela m'empêchait dans mes résolutions et dans mes projets; car enfin on a vu des maladroits se tirer très-bien d'affaire sur le terrain... — Mais j'en suis débarrassé, puisqu'il est parti, car il doit être parti, le polisson!

ÉCHANGE DE LETTRES

ENGOULEVENT, *seul*. — Décidément c'est un homme sérieux; il m'annonce que ses témoins sont à la disposition des miens. Répondons-lui. — Peut-être comprendra-t-il.

« Val-du-Paradis, 30 juin 1859.

» Monsieur,

» Je vous écris de la campagne de mon futur beau-père, où une affaire des plus importantes va nécessiter mon séjour pendant quelque temps. C'est vous faire entendre qu'à mon tour j'ai besoin d'un mois. Peut-être ne serez-vous pas fâché de ce nouveau délai.

» Recevez, monsieur, mes salutations.

» ENGOULEVENT. »

DE SAINT-JULES A ENGOULEVENT

« Paris, 30 juillet 1859.

» Monsieur,

» Le délai que vous m'avez demandé, ou plutôt que vous avez pris, finit aujourd'hui. Je suis à vos ordres.

» J'ai l'honneur de vous saluer.

» SAINT-JULES. »

D'ENGOULEVENT A SAINT-JULES

« Val-du-Paradis, 2 août 1859.

» Monsieur,

» J'ai quarante ans, une réputation de bravoure à l'abri de tout soupçon ; Grisier me fait l'honneur de me compter parmi ses élèves de premier ordre ; sur les sept ou huit rencontres que je n'ai pu éviter dans ma vie, trois ont eu une funeste issue pour mes adversaires. C'est vous dire que je suis placé de manière à ne pas redouter un nouveau duel, surtout dans les conditions exceptionnelles où se présente celui-ci. — Eh bien ! monsieur, malgré la gravité de l'offense que j'ai reçue de vous, je renonce à la satisfaction que je vous en avais fait demander primitivement. Je consens à oublier un acte que votre raison a dû condamner et qui, d'ailleurs, a déjà reçu un commencement d'expiation dans les quatre mois de noviciat, infailliblement mêlé d'appréhensions, que vous venez de passer.

» J'espère, monsieur, que vous apprécierez à sa véritable valeur une résolution que je n'ai adoptée qu'après les réflexions les plus sérieuses, basées principalement sur les devoirs de tout homme d'honneur envers la société et envers la morale.

» Agréez, monsieur, toutes mes salutations.

» ENGOULEVENT. »

DE SAINT-JULES A ENGOULEVENT

« Paris, 3 août 1859.

» Monsieur,

» Je ne me méprends pas sur le sentiment fort honorable, à votre point de vue, qui a dicté votre lettre. Mais il m'est impossible d'en accepter les conclusions, vous le comprendrez facilement. Il importe à notre dignité commune que cette affaire ait son cours naturel. Vous voulez m'épargner, cela est visible. Rassurez-vous, monsieur, j'ai mis à profit, autant que possible, chez Gâtechair, le laps de temps que je dois à votre condescendance ; et quelle que soit votre supériorité, j'ai la hardiesse de croire que vous ne vous trouverez pas en présence d'un adversaire trop indigne de vous.

» Mes témoins demeurent donc, plus que jamais, à la disposition des vôtres.

» Je vous prie, monsieur, de recevoir l'expression de ma considération parfaite.

» SAINT-JULES. »

D'ENGOULEVENT A SAINT-JULES

« Val-du-Paradis, 6 août 1859.

» Monsieur,

» Vous m'avez fait manquer un mariage superbe. Vous m'avez empêché de tripler mes capitaux. Je ne vous demande plus rien. Je garde mes deux gifles. Laissez-moi tranquille.

» ENGOULEVENT. »

DE SAINT-JULES A ENGOULEVENT

« Paris, le 8 août 1859.

» Monsieur,

» Je ne puis faire autrement que d'accepter les étranges conclusions de votre dernière lettre. Vous me permettrez cependant de vous en renvoyer quelques termes. — Vous prétendez que, par ma demande d'un délai de trois mois, je vous ai porté un préjudice de diverses sortes. Comptez-vous donc pour rien, monsieur, les désordres profonds dont mon existence se ressent aujourd'hui? J'étais, il y a trois mois, un honnête négociant; vous avez fait de moi un libertin. J'ai des maîtresses et je n'ai plus d'argent. Je ne vous parle pas de ma santé compromise dans de nombreux adieux au monde, adieux désormais entachés de ridicule par votre détermination. Je vais ressembler à ce monsieur qui, après avoir pris congé d'une compagnie, rentre un quart d'heure après au salon en disant qu'il a oublié sa canne. Préparé à la mort, comme je l'étais, vous me rejetez dans la vie. Croiriez-vous, par hasard, me rendre service?

» Vous avez détruit mon avenir; au besoin, je pourrais vous demander de me faire une rente. J'espère, du moins, que vous aurez la délicatesse d'acquitter la note ci-incluse.

» DOIT MONSIEUR SAINT-JULES A GATECHAIR, PROFESSEUR D'ESCRIME :

» Trois mois de leçons ordinaires et extraordinaires, tant de jour que de nuit.................................. 500 fr.
» Un mois supplémentaire 200
» Fourni à M. Saint-Jules une paire de fleurets, un masque, un gilet, des gants, des sandales, le tout en première qualité................. 100
_____
800 fr

» Dans cette espérance, monsieur, je consens encore à vous saluer.

» SAINT-JULES. »

VII

VOYAGE DE DEUX DÉBITEURS

AU

PAYS DE LA PROBITÉ

I

Voulez-vous que nous désignions par le nom de Coli
fleur l'artiste contemporain, le musicien charmant, qui
est le héros des faits que nous allons essayer de raconter
dans une langue indulgente? Colifleur ne vous choque-
t-il point? Préférez-vous un autre pseudonyme? il en
est temps encore.

Bon Colifleur! C'était, à l'époque où se passe cette
aventure, — mettons douze ans, pour avoir du champ,
— l'exemple de toutes les pauvretés et le modèle de tous
les enjouements. Il demeurait rue de Suresnes, une rue
tranquille du beau quartier de la Madeleine; il y demeurait avec une femme qui était sa femme légitime, car il

5

avait toujours été trop pauvre pour avoir une maîtresse. Tout au plus s'il avait eu quelquefois les maîtresses des autres.

Colifleur avait *vécu* cependant, dans l'acception la plus
parisienne de ce mot, et il continuait de vivre, le nez
tourné au vent, comme un garçon facile. Il ne résistait
pas à une invitation à dîner; il ne savait pas tenir contre
un bras passé sous le sien et poussé vers le seuil du restaurant Bignon ou du Cabaret d'or. La Dorine de Molière
aurait dit à ce propos qu'il était « tendre à la tentation ».
En cela consistait son seul défaut; il est vrai que ce défaut engagea toute son existence.

La femme de Colifleur était elle-même une aimable et
douce personne, d'une jeunesse qui lui tenait lieu de
beauté, avec ce qu'il faut pour bien faire *aller une maison*,
comme on dit en bourgeoisie : l'œil à tout, les pieds agiles, ni trop ni trop peu d'esprit. Où et dans quelles circonstances Colifleur l'avait-il connue? C'est une autre
histoire, et il n'est pas absolument nécessaire de la retra-
cer en ce moment. Qu'il suffise au lecteur d'apprendre
que Colifleur et sa femme s'aimaient de bon cœur, sans
autres orages que ceux qui s'élèvent dans tous les inté-
rieurs au sujet d'un bouton d'habit arraché ou d'une
guêpe trouvée dans la salade. — Enfin, rien n'aurait man-
qué à leur bonheur, s'ils n'avaient eu un billet à payer
le 15 septembre.

Ah! ce billet! — Il était de quatre cent cinquante
francs; une somme énorme, terrible pour un musicien.

Depuis un mois, l'un et l'autre ne faisaient qu'en rêver; ils comptaient les jours qui les séparaient de l'échéance; ils se regardaient en soupirant et en baissant la tête; car ce n'était pas le premier billet venu, un de ces billets qu'on renouvelle en se jouant ou même en donnant un *à-compte;* non, il s'agissait d'un billet important, sacré, souscrit à un ami, à un véritable ami. Ne pas payer ce billet, c'était se perdre et perdre l'avenir. Trop de papier timbré, trop de cartes d'huissier, trop de garçons de banque renvoyés les mains vides, avaient déjà ébranlé leur considération dans la maison qu'ils habitaient. Le péril était imminent; ils le comprenaient tous deux.

Il y eut au dernier moment des efforts inouïs de la part de Colifleur. On le vit proposer des romances à tous les éditeurs de Paris; il descendit jusqu'au quadrille *de société,* — mais tout cela ne lui rapporta pas quatre cent cinquante francs. De son côté, sa femme bouleversa la commode et l'armoire, rassembla ses dentelles, nettoya ses bijoux avec une petite brosse, et gravit furtivement le mont-de-piété, le mont horrible! — mais tout cela ne leur rapporta pas quatre cent cinquante francs.

La veille du 15, ils n'avaient réuni que la moitié de la somme, et ils commençaient à désespérer du reste. Un ami tombe chez eux, un artiste, une manière de peintre. Il va à la cheminée, plonge sa main dans le pot à tabac, roule une cigarette; ensuite il fait le tour de la chambre; il s'arrête :

— Tu as là deux belles gravures, dit-il.

Colifleur ne l'entend point.

— De qui te viennent-elles, sais-tu?

— Je ne sais pas, répond maussadement Colifleur.

— Elles valent bien cent francs chaque.

Colifleur le regarde d'un air hébété, et murmure :

— Qui? quoi? que dis-tu? qu'est-ce qui vaut cent francs ici?

— Ces deux gravures.

— Tu en es certain?

— A peu près, répond le peintre.

Colifleur ne fait qu'un bond vers la muraille; il arrache les cadres plutôt qu'il ne les décroche; il sort, il est sorti, il court sur le quai Voltaire; il entre dans une, deux, trois boutiques de marchands de tableaux; c'est deux cent cinquante francs qu'il veut, pas un liard de moins. Des gravures superbes, inestimables, avant la lettre, du fameux je ne sais plus quoi! Colifleur est éloquent; un marchand est ébranlé, le marché se conclut. Pourtant Colifleur n'aura son argent que le lendemain soir; mais qu'importe? il l'aura. On dira au porteur du billet de laisser son adresse, en l'assurant que les fonds *seront faits* le 16, avant midi. N'est-ce pas ainsi qu'on s'exprime en termes de commerce?

Ces vingt-quatre heures furent bien lentes; mais lorsque Colifleur et sa femme se virent en présence de leurs quatre cent cinquante francs bien comptés et bien trébuchants, leurs cœurs ployèrent sous la joie.

— Chère Lucile!

— Cher Colifleur!

Un quart d'heure se passa ainsi. Il fallut causer raison, à la fin.

— Voyons : quel est le nom de l'endosseur de notre billet, et où demeure-t-il? demanda Colifleur.

— C'est M. Tournemine, place de la Bastille, 2; il a bien recommandé d'être chez lui avant midi.

— J'irai à neuf heures.

— Si tu veux, nous irons ensemble, dit Lucile en baissant la tête.

— Pourquoi? Tu as donc de la défiance? Ce n'est pas bien...

— Je serai plus tranquille, mon ami.

— Eh bien! soit, nous irons ensemble, répondit Colifleur en la baisant sur ses bandeaux.

Ils eurent cette nuit-là de grands et beaux rêves; des ailes de nouvelles couleurs s'ajustèrent à leurs corps transfigurés et les transportèrent dans un pays inconnu, où tous les habitants avaient des voix d'argent et des sourires d'or. C'était le paradis des honnêtes débiteurs, et sur leurs fronts orgueilleusement levés on lisait cette inscription flamboyante : — *Pour acquit!*

II

Le lendemain, bras dessus bras dessous, Colifleur et sa femme sortaient de la rue de Suresnes et se dirigeaient vers les boulevards. Le temps était délicieux, et le marché aux bouquets de la Madeleine ajoutait ses parfums aux enchantements de cette matinée.

Cependant Lucile dit à Colifleur :

— Prenons l'omnibus.

Mais il lui répondit :

— Es-tu folle? avec le soleil qu'il fait!

— C'est bien loin, la Bastille! ajouta-t-elle.

— Tu as raison, mais l'omnibus est impossible; il s'arrête dix-huit cents fois, et puis on y étouffe, on y a les pieds écrasés. Si tu crains la fatigue, prenons plutôt une voiture découverte.

— Oh! non, c'est trop cher! s'écria Lucile; marchons.

— Marchons, répéta Colifleur.

Et les voilà en route sur le grand chemin de l'honnêteté, ce chemin qui n'en finit pas, où les omnibus sont si lents et où les calèches coûtent si cher. Que le ciel les protége, comme il en a protégé tant d'autres qui n'avaient peut-être pas leur bon vouloir!

Ils avaient mis les quatre cent cinquante francs dans

un sac, le sac traditionnel, et chacun mettait son orgueil
à le porter. Quelquefois Colifleur, s'arrêtant, disait :

— Voilà assez longtemps que tu as le sac ; passe-le-
moi.

— Non, répondait-elle, cela te fatiguerait.

— Mais cela te fatigue bien davantage, toi...

Les passants les regardaient en souriant ; mais eux,
tout entiers à leur sac, ils ne regardaient pas les passants.

Force leur fut cependant de s'arrêter tout à coup devant deux longs bras tendus et précédant un visage
épanoui, qui leur cria :

— Tas de millionnaires !

C'était un parent de Lucile, un de ces individus qui
ne sont bons à rien, parce qu'ils ne sont bons qu'à la
joie. A quelque heure du jour ou de la nuit que celui-ci
vous accostât, il vous disait :

— Allons prendre quelque chose.

Il ne manqua pas sa phrase auprès de Colifleur.

— Ma foi... répondit celui-ci.

Lucile lui serra le bras.

— Il fait si chaud ! objecta Colifleur avec l'accent
suppliant de la faiblesse ; cela nous reposera.

— Allons prendre quelque chose, répéta le parent en
les entraînant vers un café.

Ce quelque chose fut du madère, et puis encore du
madère, car Colifleur ne voulut pas demeurer en reste
de politesse auprès du parent de sa femme. Le madère

vidé, il se trouva que les appétits étaient singulièrement éveillés.

— Eh bien ! déjeunons, dit le parent.

— Au fait... dit Colifleur.

Mais Lucile s'était levée précipitamment.

— Tu sais que c'est impossible.

— Pourtant, chère amie, répondit Colifleur, tu n'as pris que ton chocolat avant de sortir.

— Mais le billet !

— C'est juste, dit Colifleur en soupirant, et en se levant aussi.

Seul le parent ne bougeait pas.

— Vous allez payer un billet ? leur demanda-t-il.

— Oui, répondit vivement Lucile.

— Vous avez bien le temps ; il n'est pas encore dix heures.

— Oh ! vous vous trompez, il est dix heures et vingt minutes ! dit-elle en désignant la pendule de l'établissement.

— Elle retarde ; d'ailleurs, n'avez-vous pas jusqu'à midi ?

— C'est vrai, dit Colifleur en se tournant vers Lucile.

— Restez, je vous invite ! ajouta le parent, qui parlait peu, mais qui parlait bien.

Lucile fit un signe négatif ; mais Colifleur avait déjà repris possession de son siége.

— Au moins, rien qu'une côtelette, dit-elle en se résignant.

— Et des œufs au jus, dit Colifleur.

— Et un poisson, dit le parent.

III

Le parent avait oublié sa bourse. Il ne s'en aperçut qu'au moment où on lui présenta l'addition. Comme il avait voulu faire bien les choses, le total se hissait à un chiffre assez élevé. Le pauvre homme tomba d'abord en confusion, ce qui est la meilleure méthode de choir sans se blesser; ensuite il parla de courir chez lui, mais il habitait rue de la Comète, au Gros-Caillou. Le plus court était pour Colifleur de payer. — On dénoua le sac avec lenteur, on y prit une cinquantaine de francs et l'on partit, désolé d'avoir accepté *quelque chose*.

Lucile épargna à Colifleur les habituels : « Je te l'avais bien dit! » Mais Colifleur, honteux de sa faute, crut de son devoir de mettre en avant les consolations que voici :

— Brandus, mon éditeur, qui demeure à deux pas, sur le boulevard des Italiens, où nous allons arriver, ne refusera pas de me prêter cinquante francs. Certainement, il ne me les refusera pas.

— Tu es déjà bien en avance avec lui, se contenta de dire Lucile.

— J'alléguerai l'accident imprévu dont nous venons

d'être les victimes. Va, rien n'est encore désespéré.

— Serons-nous chez M. Tournemine avant midi?

— Évidemment; dans tous les cas, il nous accordera bien le quart d'heure de grâce.

— Voici le magasin de M. Brandus, dit-elle.

— Oui : donne-moi le sac.

— Pourquoi ne veux-tu pas que je le garde? demanda Lucile, surprise.

— Tu ne comprends donc pas que c'est pour donner à mon récit toute la vérité possible? Si on me voit avec quatre cents francs, on ne pourra jamais m'en refuser cinquante.

— Mais, reprit Lucile sans lâcher le sac, je puis entrer avec toi.

— Non; une femme est toujours de trop dans ces sortes d'affaires; elle empêche l'intimité, elle arrête l'expansion. Va m'attendre dans le passage des Panoramas; je n'ai pas besoin de te dire que je t'y rejoins sur-le-champ.

— Ah! nous eussions mieux fait de prendre l'omnibus! murmura Lucile.

Colifleur entra chez M. Brandus.

L'éditeur de musique était en conversation importante dans son cabinet. Il fit prier Colifleur d'attendre. Colifleur avait le teint allumé par l'excellent déjeûner qu'il venait de payer au parent de sa femme. Aussi n'aperçut-il pas tout d'abord un jeune homme très-pâle, qui se préparait à sortir du magasin.

Ce jeune homme vint à lui.

— Tiens! c'est Adolphe, dit Colifleur; bonjour, Adolphe.

— Adieu! fit le jeune homme en lui serrant convulsivement la main.

—Comment! adieu? répéta Colifleur, surpris de l'air qui accompagnait ces paroles; où vas-tu?

— Me noyer! répondit le jeune homme en gagnant la porte...

— Es-tu fou? s'écria Colifleur, le retenant par le bras, te noyer!

— Puisqu'il ne me reste plus aucune ressource! puisque ma femme et mon enfant sont sans pain! puisque avant une heure, tout ce qui est dans mon misérable galetas sera saisi!

— Est-ce possible?

— Ce sont là des motifs, je crois, continua le jeune homme avec une fièvre croissante; oh! je ne me tue pas pour des futilités, sois tranquille. Adieu!

Colifleur dénoua son sac.

<h2 style="text-align:center">IV</h2>

— Tu es resté bien longtemps, dit Lucile à Colifleur, en le voyant revenir, une demi-heure après, dans le passage des Panoramas.

Colifleur ne répondit pas.

— T'a-t-on donné de l'argent chez M. Brandus ? demanda-t-elle.

— Au contraire ! dit Colifleur.

— Te moques-tu ?

— C'est à présent cent cinquante francs qui nous manquent pour payer notre billet.

Et, la ramenant sur le boulevard, il lui raconta tout. Lucile avait trop bon cœur pour le réprimander d'une généreuse action, si intempestive qu'elle fût.

— J'aurais agi comme toi, sans doute, lui dit-elle ; n'en parlons plus. Mais comment allons-nous faire ?

— Si encore nous connaissions ce M. Tourne mine ? si nous savions quelle espèce d'homme c'est ! murmura Colifleur. Exerce-t-il une profession ?

— Je l'ignore.

— C'est embarrassant.

— N'importe ! dit Lucile ; je crois que ce qu'il y a de plus simple et de plus convenable, c'est de lui porter nos trois cents francs et de lui proposer un renouvellement pour le reste. De la sorte, nous aurons fait au moins acte de bonne volonté, et nous n'aurons rien à nous reprocher, quoi qu'il arrive.

— Quoi qu'il arrive, répéta Colifleur.

On était alors à la hauteur du boulevard Bonne-Nouvelle.

V

— La jolie étoffe ! dit Lucile.

— Oui, c'est assez coquet, dit Colifleur en s'arrêtant avec sa femme devant un magasin de nouveautés.

— Et comme elle m'irait bien !

— Penses-tu que j'en doute ?

Lucile tourna vers lui un regard plein de supplications.

— Écoute, Colifleur, il y a dix mois que tu me promets une robe; eh bien ! voilà celle qu'il me faut.

— Mais Tournemine ?...

— Tournemine se contentera de deux cents francs, puisque nous avons tant fait que de rogner sa part.

C'était au tour de Colifleur à se soumettre; il ouvrit la porte du magasin.

Bien examinée, maniée et marchandée, la robe fut enveloppée et remise ès main de Lucile.

— Paye, dit-elle en se tournant vers Colifleur et en lui passant la facture.

— Ah ! mon Dieu ! je n'ai plus le sac ! s'écria-t-il.

— Est-ce possible ?

— Je l'aurai laissé chez Brandus !

— Va vite, dit Lucile effrayée.

— Oh ! il n'y a rien à craindre, dit-il à Lucile en se précipitant hors du magasin.

Le commis de M. Brandus avait mis de côté le sac de Colifleur. On devine de quelle oppression celui-ci fut délivré en le ressaisissant. Dans son transport, il exigea que le commis vînt prendre avec lui un verre de punch. Le commis résista... mais, ne se souciant pas d'être assassiné, il finit par avaler le punch.

Pendant ce temps, Lucile, restée chez le marchand de nouveautés, choisissait d'autres étoffes, — pour s'occuper. Elle en avait déjà choisi pour deux louis, lorsque Colifleur revint.

— Tu ne me gronderas pas, lui dit-elle; j'avais tant besoin d'un col et d'une paire de manches.

— Te gronder! répliqua Colifleur, lorsque moi-même... Tiens, regarde! dit-il en écartant son gilet.

Il venait d'acheter deux boutons de chemise chez un bijoutier.

VI

— Allons chez Tournemine, à présent! dit Lucile.

— Allons chez Tournemine, dit Colifleur.

— Nous ferions bien cette fois-ci de prendre l'omnibus, afin d'éviter de nouveaux accidents et de nouvelles tentations, ajouta-t-elle en souriant. Veux-tu?

— Encore ton omnibus? ma foi, non! j'ai besoin de marcher, de prendre l'air.

— En effet, dit Lucile, tu sens la liqueur.

— J'aurais mauvaise grâce à le nier, répondit-il ; j'avais des remords, je les ai noyés. Et cependant, il y en a encore quelques-uns qui surnagent...

— Tu les enfonceras un autre jour, dit Lucile en pressant le pas.

Ils marchèrent ainsi pendant cinq minutes.

Devant l'escalier qui monte à l'église de Notre-Dame de Bonne-Nouvelle, Colifleur eut un accès d'attendrissement.

— Lucile ?

— Quoi ?

— Examine les lieux où nous sommes ; ne te disent-ils rien ?

— Rien.

— Te souvient-il de notre vieille tante Mangavel ? demanda-il à sa femme.

— La tante Mangavel ? certainement, mon ami ; elle demeurait rue Beauregard, et elle était pauvre comme les pierres.

— Chère tante ! bonne tante ! excellente tante !

— Qu'est-ce que tu as donc, Colifleur ?

— J'ai que je suis un ingrat, et que je ne pense pas assez à ma tante.

— Il y a six ans qu'elle est morte, murmura Lucile.

— Qu'importe ! les années n'auraient dû qu'augmenter nos regrets ; et si nous sommes dans l'infortune, c'est à cet oubli que nous le devons. Je vois là-dedans le doigt de notre tante Mangavel.

— Console-toi!

— C'est la tante Mangavel qui nous punit en nous empêchant de payer Tournemine. Il faut apaiser ses mânes, entends-tu?

— Mais comment? dit Lucile qui recommença à s'inquiéter.

— En fondant une messe pour le repos de son âme, dit Colifleur; les fondations pieuses ont de tout temps racheté les grandes fautes.

— Est-ce bien nécessaire? hasarda Lucile.

— S'il est nécessaire d'honorer la cendre de notre tante Mangavel! tu en doutes? s'écria Colifleur.

— Non, dit-elle; ton motif est trop respectable pour que je me permette une observation. Je voulais seulement dire : est-ce bien cher?

— Je ne sais pas; mais viens avec moi.

— Au moins contente-toi d'une messe basse, lui dit Lucile.

VII

Ils étaient arrivés sur le boulevard du Temple.

Colifleur ne disait rien; il portait le sac, qui était dégonflé aux trois quarts. Quelque chose semblait le préoccuper.

— Encore un peu de courage, lui dit Lucile ; et dans vingt minutes nous serons rendus à la place de la Bastille, chez M. Tournemine.

—Hum ! quelle réception nous fera-t-il ? dit Colifleur en soupesant le sac ; il est bien tard...

—Six heures tout au plus.

—Six heures ! exclama Colifleur ; six heures ! se peut-il ?

— Elles sonnent encore. Mais pourquoi t'arrêter, et à quoi penses-tu ?

— Je pense... dit Colifleur avec embarras.

— Eh bien ?

L'anxiété revint sur les traits de Lucile.

— Je pense que j'ai invité Bernard à diner pour six heures.

— Quel Bernard ?

— Le commis de la maison Brandus, celui qui m'a rendu le sac. Tu comprends qu'un pareil service voulait une récompense. Il a été convenu qu'il m'attendrait à six heures chez Bonvalet. Oh ! nous ne ferons qu'un tout petit dîner, un tout petit dîner, tu verras. D'ailleurs, je n'ai pas faim, j'ai encore le déjeuner de ton parent sur l'estomac ; ce que j'en fais, c'est pour Bernard uniquement ; et si je ne m'étais pas engagé... mais je me suis engagé. Et toi, as-tu faim ?

Les alarmes de Lucile avaient atteint leur plus haut degré. Elle ne put qu'articuler un seul mot, un mot de détresse :

6

— Tournemine !

Colifleur demeura pensif.

— J'entends, dit-il.

Puis, il reprit d'un ton convaincu :

— Tournemine nous recevra bien mieux après son dîner qu'avant; la digestion commande l'indulgence; c'est l'heure où le regard se fait plus doux, où la voix devient plus caressante. Nous-mêmes, au sortir de table, nous nous sentirons plus d'assurance pour aborder Tournemine. Si Tournemine n'est pas un méchant homme, il acceptera notre renouvellement à bras ouverts; et qui sait même s'il n'ira pas jusqu'à refuser noblement le peu que nous lui apportons?

— Oh! oui, le peu! murmura Lucile.

— Et tout cela parce que Tournemine aura dîné…et nous aussi. Tu vois bien!

Lucile hocha la tête; mais le devoir d'une femme étant de suivre son mari, elle suivit Colifleur chez Bonvalet, où l'on trouva Bernard, qui avait fait retenir un cabinet.

— Oh! pas de cabinet, dit Lucile à Colifleur.

— Pourquoi cela, madame? dit Bernard; nous serons infiniment plus tranquilles ici que dans le salon.

— C'est que, monsieur, nous sommes un peu pressés, repartit Lucile; mon mari ne vous a peut-être pas dit….

— Tais-toi donc! fit Colifleur à demi-voix.

Bernard n'avait rien d'un homme spirituel, mais il mangeait comme quatre. Dès le début, grâce à lui, le *tout petit dîner* prit des proportions géantes. Colifleur et sa femme se laissèrent gagner par l'exemple. On demanda des grands vins, on se porta des défis, — et les heures s'écoulèrent rapides, enchantées !

Lucile, à demi couchée sur le bras de son mari, lui dit entre deux verres-tulipes :

— Tu devrais bien me conduire ce soir au Cirque ; il y a si longtemps que j'ai le désir de voir *les Pilules du Diable ?*

Colifleur sonna.

— Envoyez louer au Cirque une loge d'avant-scène, dit-il au garçon.

Tout était oublié, on le voit.

Au dessert, Tournemine, qui aurait dû demeurer sacré pour eux, Tournemine n'était plus qu'un objet de risée ; Colifleur proposa de le chansonner sur l'air de *Turlurette.*

Il commença :

A défaut de payement,
Qui doit faire en ce moment
Une bien piteuse mine ?
Tournemine,
Mossieu Tournemine !

Et l'on répéta en chœur.

— A Bernard, maintenant ! s'écria Colifleur ; il faut que Bernard fasse son couplet !

Bernard se leva en chancelant, car il était incommensurablement ivre, et, se cramponnant de son mieux à *l'air*, il improvisa les paroles suivantes :

> Tournemine, je ne connais que ça,
> Il est dans la garde nationale ;
> Mais ce n'est peut-être pas celui-là,
>   Tournemine,
> C'est peut-être un autre Tournemine !

Après quoi il retomba lourdement sur sa chaise, en riant à verse.

Le couplet de Bernard fut honni ainsi qu'il méritait de l'être, et, comme il voulait le recommencer, en s'opiniâtrant sur la valeur de ses rimes, on le mit lui-même à la porte.

Bernard s'en alla comme il put.

VIII

Colifleur et sa femme ne sortirent de chez Bonvalet qu'après onze heures. Il ne fallait plus songer à se rendre chez Tournemine. D'ailleurs qu'y auraient-ils été faire ? C'était trop tard pour aller au Cirque ; la loge demeura vide. Tous deux s'en retournèrent par ces mêmes boulevards, qui les avaient vus le matin si triomphants et si honnêtes, — et qui les voyaient ce soir si confus. Colifleur avait brusquement serré dans la poche de son habit le sac, le fameux sac au fond duquel il ne restait plus que trois ou quatre pièces de cinq francs. D'un commun accord, ils avaient remis au lendemain les lamentations et les réflexions.

Nous ne répondrions pas que leurs têtes ne fussent un peu affolées par les vapeurs combinées du richebourg, du château-margaux et du sillery.

Ce qui donne un certain poids à notre assertion, c'est qu'après une demi-heure de chemin, abrégé par une conversation pleine de tendresse, de souvenirs, de serrements de doigts, Colifleur et sa femme se trouvèrent tout à coup sur la place de la Bastille, — eux qui croyaient sincèrement regagner la Madeleine.

Était-ce la fatalité qui les avait poussés là?

Ils eurent ensemble un cri, et ils se regardèrent épouvantés ; mais la mobilité de leurs sensations était telle, qu'à la stupeur succéda bientôt une hilarité condamnable.

Colifleur ayant une soif — qu'il ne s'expliquait pas, disait-il, — ils entrèrent dans le premier café venu, sur la place, un café qu'on allait fermer. Colifleur se fit servir un bishoff. Lucile demanda une glace à la vanille et au citron.

Un orage était survenu sur ces entrefaites. La pluie tombait par torrents.

Il se trouva que le maître du café était un homme rès-aimable, et qui ne voulut pas les renvoyer par un

6.

pareil temps. Colifleur, pour laisser passer la pluie, lui proposa une partie de bézigue, qu'il accepta.

Au bout d'une demi-heure, Colifleur avait perdu vingt-cinq francs, consommation comprise. Alors, il tira son sac de sa poche, et le vida sur la table de marbre : il contenait juste cinq effigies.

— Maintenant, dit Colifleur en riant, il ne nous reste plus un sou. Lucile, mets ton châle. Bonne nuit, monsieur.

La pluie tombait toujours.

— Ces pauvres jeunes gens ne peuvent pas s'en aller comme cela, dit le maître du café. Georges, envoyez chercher une voiture sur la place.

— Mais, monsieur, murmura Colifleur, vous savez bien que...

— Permettez-moi de la payer.

— Ah! monsieur... vous êtes trop bon. J'accepte pour ma femme. Au moins, puis-je savoir votre nom?

Le maître de café répondit :

— Je m'appelle Tournemine.

VIII

LES

CORRESPONDANTS DRAMATIQUES

J'assistais l'autre jour aux derniers moments d'un journal de théâtre. — Le *Binocle*, « organe des intérêts artistiques, moniteur des spectacles, écho des coulisses », cessait de paraître au milieu de sa deuxième année. Je n'essayai pas de consoler le rédacteur en chef à l'aide de quelques paroles banales. Les grandes douleurs sont muettes. Je lui serrai la main, — et nous nous comprîmes dans un coup d'œil.

Forcé de céder le jour même la place à un journal concurrent, qui s'était engagé à *servir* les abonnés du *Binocle*, le rédacteur en chef faisait ce qu'on appelle vulgairement *ses paquets* : il mettait dans ses poches les plumes, les canifs, les pains à cacheter, les lettres avec cet en-tête imprimé : *Cabinet de la rédaction*. A un moment donné, il regarda avec attendrissement sa grande paire de ciseaux : il la porta pieusement à ses lèvres, comme un guerrier fait de son épée ; puis il l'enveloppa dans le dernier numéro du *Binocle*,—linceul de gloire !

— Voulez-vous une collection ? me demanda-t-il tout à coup.

— Je la ferai prendre, répondis-je poliment.

Il y eut un instant de silence.

— Au moment où le journal allait si bien !... murmura-t-il en étouffant un soupir.

— C'est toujours comme cela.

— Quand le numéro de dimanche était tout prêt ! quand j'allais envoyer à l'imprimerie la copie de mes correspondants de province ! les plus charmants, les plus distingués, les plus spirituels correspondants qui se puissent voir ! —Ah ! ce que je regrette peut-être le plus dans la perte du *Binocle*, ce sont ses correspondants.

Alors, saisissant brusquement une liasse de papiers, qu'il me mit entre les mains :

—Tenez, me dit-il, emportez leurs lettres, je ne veux plus les voir, elles me font trop de mal...

— Volontiers, dis-je en souriant.

Et l'ex-rédacteur en chef, ayant accompli ce sacrifice, retomba dans l'abîme de sa douleur.

C'est cette correspondance que j'ai dépouillée et classée. Elle m'a paru résumer divers types, sérieux ou plaisants, qui ont dû frapper l'attention de ceux qui lisent régulièrement les journaux de théâtres. Je me suis contenté de changer quelques villes et quelques noms. — Et encore !

I

LE CORRESPONDANT CONSCIENCIEUX

LILLE. — Le bénéfice de madame Salesses avait attiré beaucoup de monde. Notre première chanteuse avait choisi, pour cette solennité, le rôle de Catarina dans la *Reine de Chypre ;* elle en a rendu les principales situations avec un talent hors ligne ; impossible de mettre plus de science et d'énergie dans le second acte. Sa voix est fraîche, nettement timbrée, et son jeu des plus sympathiques ; elle a été applaudie maintes fois avec justice.

M. Casteran s'est placé très-haut dans l'opinion publique par sa création de Gérard ; on lui a fait une véritable ovation après son beau duo avec M. Flachat-*Lusignan.* — Courage, M. Casteran ! travaillez ; surveillez vos notes de tête, et nous osons vous prédire un brillant avenir.

M. Lamy avait bien voulu se charger du rôle de Mocenigo ; le public lui a su gré de cette complaisance.

Constatons les progrès de M. Léopold ; ce jeune artiste se concilie de jour en jour la faveur des habitués par le soin et le zèle tout particuliers qu'il apporte à chacun des rôles qu'on lui confie.

Le ballet a fourni aux charmantes sœurs Tapeau l'occasion de récolter de légitimes encouragements. L'heure n'est pas loin où ces délicieuses sylphides prendront leur vol vers la capitale.

Si j'étais Roi et le *Songe d'une nuit d'été* font toujours de belles recettes. Il est vrai qu'il est difficile de mieux interpréter que M. Melchisédec le rôle de Zéphoris. Flachat est fort bien placé dans celui de Falstaff; c'est bien là ce joyeux et insouciant compagnon, ce hardi coureur d'aventures, la plume au côté et l'épée au chapeau [1] ! — Madame Battandier, que Rouen nous enlève l'année prochaine, tient son emploi de la manière la plus satisfaisante. Nous voudrions pouvoir en dire autant de mademoiselle Ludovic Henry, dont la grâce mutine nous avait d'abord séduit; mais cette dame se néglige de plus en plus; on l'entend à peine, et les murmures du parterre l'ont plusieurs fois interrompue dans son grand air d'*Haydée*.

Les artistes du drame ont joué dernièrement les *Chevaux du Carrousel*, amphigourique conception qui ne tiendra pas longtemps l'affiche. M. Longpré y a pourtant fait preuve de talent et de diction. Gonfalot est plus que jamais l'enfant gâté des Lillois; il lui suffit de paraître en scène pour exciter une immense hilarité. M. Tourteaux fait très-bien sa partie avec lui dans le *Philtre champenois*.

1. C'est sans doute le contraire qu'a voulu dire le correspondant consciencieux. Mais la fougue de l'improvisation !

Bardou est attendu dans nos murs d'ici au 15 courant. — Avis aux amateurs de la franche gaîté.

L. LIE....T.

II

LE CORRESPONDANT POLÉMISTE

SAINT-ÉTIENNE. — Je vois à l'instant, dans votre dernier numéro, mon cher ami, la réponse de M. Félix Bernard, le correspondant du *Farfadet*, à ma lettre du 22. Écrire n'est pas répondre. Tout le monde, à Saint-Étienne, sait le nom que recouvre ce pseudonyme ; c'est le secret de Polichinelle. Lorsque j'eus le malheur, à cette même place, de résumer l'opinion des abonnés sur le talent de mademoiselle Ardélion et d'exprimer sur son troisième début des appréhensions malheureusement justifiées, j'ignorais que j'allais m'attirer des foudres parties d'un certain entresol de la mairie. — Chut !

À l'heure qu'il est, mademoiselle Ardélion est partie. Bon voyage ! — Elle a été remplacée au pied levé par madame Manrique, une dugazon, que semble patronner le *Mémorial* de notre ville. Nous répondrons la prochaine fois aux insinuations et aux allégations du rédacteur de cette feuille.

Un monsieur, dont nous voulons bien taire le nom

par égard pour sa famille, m'a adressé, dans une lettre, de vives récriminations au sujet de mon article sur la représentation du *Chalet*. Ce monsieur saura que je ne reçois de leçons de personne, mais que j'en donne quelquefois. — A bon entendeur, salut.

On annonce la prochaine arrivée de Bardou, le joyeux compère, — à propos de qui j'ai dû soutenir l'an dernier avec deux journaux de Lyon une si vive polémique ; vous rappelez-vous?

O. Rutangherre.

III

LE CORRESPONDANT FAMILIER.

Agen. — Le motif de mon silence depuis deux mois, mon cher directeur, est dans le mariage de mon troisième frère avec la nièce de M. Filhon. Cet événement m'a un peu détourné du théâtre, où d'ailleurs rien de remarquable ne s'est produit. On a pourtant annoncé les *Mousquetaires de la reine*, mais vous savez combien ma maudite névralgie me rend rebelle à la musique, quelque bonne qu'elle soit. Je n'ai donc pas pu entendre le chef-d'œuvre d'Halévy, et je le regrette.

On m'a affirmé que mademoiselle Mouilleron était ravissante dans le rôle de Berthe de Simiane ou d'Athénaïs de Solanges, je ne sais pas au juste. Si ma vue se rétablit d'ici à quelque temps, j'irai certainement voir mademoiselle Mouilleron.

Vous avez appris sans doute que Ligier était venu donner quelques représentations. Sans la chaleur étouffante qui s'est produite la semaine dernière, j'eusse été un des premiers à applaudir notre éminent tragédien ; malheureusement je ne puis rester un quart d'heure dans une salle de spectacle sans éprouver aussitôt des bourdonnements d'oreilles. — Mais j'ai entendu dire au café que Ligier avait été admirable dans les *Enfants d'Édouard* et dans *Louis XI*. Je n'en doute pas, ni vous non plus, je pense.

On lit ici votre journal avec beaucoup d'intérêt, à cause de la vérité et de l'impartialité de ses comptes rendus. Venez donc à Agen, vous y serez reçu à bras ouverts : vous devez vous souvenir qu'à mon dernier voyage à Paris, il y a quatre ans, vous m'avez promis cette visite. — En attendant l'exécution de votre promesse, je continuerai, comme par le passé, à vous tenir avec exactitude au courant de tout ce qui se passera de nouveau sur notre théâtre.

Bardou arrive dans quelques jours ; comptez sur une lettre de moi, — à moins que mes arbres fruitiers ne me retiennent plus longtemps que je ne le voudrais à la campagne.

Mes civilités à votre belle-sœur.

C. A. LADEVÈZE.

7

IV

LE CORRESPONDANT ROMANTIQUE

NÎMES. — Rouvière à Nîmes! Rouvière dans *Hamlet* et dans la *Reine Margot!* En apprenant cette nouvelle, nous avons tressailli d'aise! Les temps glorieux du drame allaient donc ressusciter! nous allions donc nous retrouver face à face avec ces géants de la scène : Shakespeare et Dumas!

Il a paru enfin, le grand artiste! Il a paru, et tous les fronts se sont courbés sous sa parole comme les épis sous un vent d'orage! Dire l'ampleur, l'éclat, l'originalité que Rouvière a déployés dans ce rôle foudroyant et multiple d'Hamlet, c'est impossible! Nous haletions dans un coin de l'orchestre; nos ongles se crispaient sur notre poitrine, nos dents s'entre-choquaient, nous étions heureux! oh oui! bien heureux, allez!!!

Et quand ce fut le tour de Charles IX, de ce roi assassin, aux veines injectées de haine et de dévotion, comme il fut beau, Rouvière! comme il fut rayonnant! La salle faillit crouler sous les applaudissements. Elle n'a pas croulé, elle a bien fait.

Le maître nous promet pour bientôt *Maître Favilla* et le *Comte Hermann*. A bientôt donc!

P. S. — Bardou succédera à Rouvière, comme le rire aux larmes, comme la chanson de l'oiseau aux mugissements de la tempête.

TRUCIVAL.

V

LE CORRESPONDANT NAÏF

Paimbœuf. — Monsieur le directeur, notre cité vient d'avoir, elle aussi, ses jours de fête, grâce à l'excellente troupe de M. Battuécas, qui y a donné quatre représentations. Nous avons entendu pour la première fois un opéra-comique intitulé : *Fra Diavolo ou l'Hôtellerie de Terracine.* Il s'agit, dans cette pièce, d'un brigand aux manières élégantes, qui fait la cour en même temps à la femme d'un milord et à une servante d'auberge. Cette donnée originale a fourni d'heureuses saillies à l'auteur des paroles; quant à la musique, on l'a écoutée avec bienveillance. Ce qui a été le plus applaudi, c'est un solo de basson, ingénieusement intercalé dans l'ouverture, et exécuté par un amateur de première force de notre ville.

Le spectacle a été suivi, ce soir-là, de *Michel et Christine*, vaudeville en un acte, qui a tiré de douces larmes d'attendrissement des yeux de nos jolies Paimbœuvaises. Vous saurez, monsieur le directeur, que c'est l'histoire d'un lancier français, nommé Stanislas, à qui son colonel expirant a remis sur le champ de bataille un portefeuille, en lui recommandant d'en faire bon usage. Le lancier s'arrête dans une auberge qu'il a l'intention d'exploiter pour son propre compte, mais il renonce à ce projet en faveur du jeune paysan Michel. Une actrice de la troupe s'étant trouvée subitement indisposée, c'est le régisseur qui a dû lire le rôle de Christine. La pièce n'y a pas perdu : M. le régisseur a mis beaucoup de sentiment dans sa diction, et il a été rappelé avec les autres acteurs.

Nous avons eu le surlendemain la *Grâce de Dieu;* c'est un mélodrame tellement compliqué que vous me pardonnerez de ne pas vous en faire l'analyse. Il y a du pathétique dans plusieurs endroits, et le style est coulant en général. Madame Dubuc, qui jouait Marie, a captivé les suffrages de tous les connaisseurs.

Connaîtriez-vous par hasard les *Deux Divorces?* Voilà un petit bijou! Il serait à souhaiter que tous nos auteurs prissent modèle là-dessus. M. Battuécas, le directeur, a été impayable en père Lefèvre, surtout lorsqu'il est en ribote et qu'il veut se séparer de sa femme. C'était la nature prise sur le fait. Madame Battuécas a aussi bien du mérite.

La troupe a fait ses adieux en rejouant, à la demande générale, *Fra Diavolo ou l'Hôtellerie de Terracine.* A la fin de l'ouvrage, on a jeté à madame Battuécas une couronne avec ces quatre vers :

A vous nos souvenirs, ravissante sirène !
Tous les cœurs de Paimbœuf vous proclament leur reine ;
Revenez donc parmi notre population :
Vous nous délasserez de nos occupations.

L'auteur de ces jolis vers est, dit-on, le propriétaire de l'hôtel du Commerce.

On parle de l'arrivée prochaine d'un acteur célèbre, nommé Bardou. J'irai l'attendre au bateau à vapeur.

PATY-BOULAI.

VI

LE CORRESPONDANT MILITAIRE

BLIDAH. — Vive Dieu ! parlez-moi de M. Constant, notre nouveau régisseur, pour mener rondement les affaires. En quinze jours, il n'a pas monté moins de quatre grands drames, sans compter les vaudevilles ; — une, deux, trois !

Pascal et Chambord a été joyeusement enlevé par mademoiselle Marguerite, gentille à croquer sous les traits de Wilhelmine. Nos deux désopilants comiques, Émile et Vignères, ont fait assaut de verve et d'entrain. Vrai, c'était à se tordre sur les banquettes. — *Qui se ressemble se gêne* et les *Brodequins de Lise*, avec mademoiselle Marguerite, n'ont pas reçu un accueil moins favorable de la part de notre brave public.

Dimanche dernier, spectacle forcé : *Rita l'Espagnole*, la *Rue de la Lune*, et *Un monsieur et une dame*. M. Gilbert, notre grand premier rôle, a donné tous ses moyens et emporté le succès à la baïonnette. MM. Osannaz et Jules Bertrand ont mérité pour leur part d'être inscrits à l'ordre du jour. Mais les honneurs de la soirée ont été sans contredit pour mademoiselle Marguerite, qui jouait Rita. Voilà une comédienne, sarpejeu ! Quel brio ! quel chic ! quel nerf ! il faudrait avoir une âme de chacal pour résister à tant d'attraits. — Bravo, mademoiselle Marguerite, bravissimo !

Dans les entr'actes, M. Thibault fils a chanté deux chansonnettes comiques : *Le Marchand d'images* et *Lolo à la correctionnelle*. Nous a-t-il assez fait rire ! Pends-toi, Levassor, tu as trouvé un rival à Blidah !

Bardou est engagé pour dix représentations ; frottons-nous les mains, morbleu !

IX

L A

DERNIÈRE PENSÉE DE BARBASTOUL

I

Barbastoul est seul. Il est censé relire à haute voix ce qu'il vient d'écrire.

C'est moi que ze fais mon testament.

Moi, Pamphile-Marius Barbastoul, de Marrrseille, le fils à Léonard-Ferréol-Zéphirin Barbastoul, aussi de Marrrseille, et à Mionne-Anne Noguès, sa femme lézitime, z'ose le dire.

Quand on lira cette petite broçure, ze ne serai plus en vie. Z'aurai fait *couic*.

Autrement dit, z'aurai été exécuter un plonzeon dans le pays aux dorades, et le zenre humain il s'écriera :

— Z'ai perdu Barbastoul !

Mais coumo ze ne veux pas çagriner les habitués du *Café Alzérien*, qui l'ont l'habitude de me voir tous les soirs depuis des vingt ans, z'ai imaziné une çose : — Ze ferai la frime de me noyer en pêçant à la ligne.

Ze crois que mon idée, il est forte!

Quant à ceusse-là qui me demanderont pourquoi qu'est-ce que ze me détruis, ze te leur dirai — que mon essistence elle n'a zamais été qu'un tissu d'embêtements.

Mon père (que sa mémoire elle soit bénie!) était un coçon et un butor. Il tapait sur moi à se démancer le coude. Un zour qu'il m'avait dessiré le fond de ma culotte avec son soulier, ze lui dis en pleurant : — Mais, mon père, ze ne te vous ai rien fait! Il me répondit : — Zuze doncques si tu m'avais fait quéque çoze!

Ma mère, elle était plus brave femme, écepté qu'elle buvait toute la zournée, mais c'était pour faire aller le commerce. Elle avait le couraze de dire à mon père : — Pourquoi tu frappes touzours ce bagasson d'enfant? Ze te défends d'y toucer; tu sais bien qu'il n'est pas à toi.

Ces bonnes zens, pauvres coumo le grand Zob de la Mytholozie, ils ont oublié de me donner de l'instrussion. I disaient que c'était trop cer, et que c'était bon pour les savantasses. — Ze ne leur en veux pas, mais que *le troun de l'air les cure!* Ce n'est pas leur faute si Pamphile Barbastoul, il n'a pas été une fiçue bête.

A douze ans, z'étais embarqué coumo mousso à bord

du *Paul-Émilo*, qu'il était un grand couquinas de trois-mâts, commandé par le capitaine Bergoumioux. C'est là que z'ai appris à éplucer les légumes et à faire un peu de la cuisine ; et si ze ne suis pas devenu un grand navigatur coumo Christophe et Colomb, c'est que ze me suis dégoûté trop vite des coups de gar-cette. Eh donc !

Aussi, ce te fut un beau zour pour moi lorsque, après dix-huit mois de tempêtes et de branle-bas, z'entendis le capitaine Bergoumioux qu'il disait à un hommo de l'équipaze : — Zette la sonde ; que touçons-nous ? L'hommo il répondit : — Fond de rocers. — C'és pas ça, qui dit le capitaine. — Un moment après : — Zette la zonde. L'hommo il la zette. — Fond de sable, qui dit. Le capitaine Bergoumioux il se promenait de long en larze. — Zette encore ; que touçons-nous ? — Fond de m..... — Bagasse ! nous sommes à Marrrseille, qui dit le capitaine.

Mon cœur, il sautait de zoie !

II

Pour lors, voici que mon oncle Noguès, le maître portefaix, il se décède en me laissant une trentaine de mille francs.

Ze m'acète des boucles de l'oreille neuves, et ze ren-contre le zeune moussu de La Vertepillère, le neveu au fameux La Vertepillère, dont il est question dans l'histoire, l'ami au premier consul [1]. I me dit, en me saluant très-poliment : — Z'allais cez vous, Barbastoul, pour vous féliciter de votre héritaze. Ze lui dis, pour ne pas rester en reste de politesse : — Il ne fallait pas vous déranzer pour cela, moussu de La Vertepillère ; peut-on vous offrir quéque çose ?

Il assepte l'assinthe, et nous voilà à causer comme une paire d'amis.

I me dit : — A présent que vous êtes rice, Barbastoul, qu'est-ce que vous allez faire de votre arzent ? — Tê ! ze vais le garder, moussu de La Vertepillère. — Il faut vous lancer dans le commerce, qu'il continue ; z'ai zustement une affaire superbe à vous proposer. — Vous me faites bien de l'honneur, moussu de La Vertepillère,

---

[1] La légende de M. de La Vertepillère est extrêmement populaire. C'est le Cadet Roussel de Marseille. Elle remonte au Directoire ; en voici quelques traits : « Z'étais venu à Paris pour épurer des huiles... tranquillement... lorsque ze rencontre dans la rue un petit hommo, en redingote grise, zaune comme un pain d'épice. C'était le premier consul. Il m'accoste et dit : — Tê ! La Vertepillère ! qu'est-ce tu fais ici, mon bon ? — Eh ! ze suis venu à Paris pour épurer des huiles... tranquillement... » Le premier consul emmène M. de La Vertepillère chez lui et le fait déjeuner. Il lui propose de partir avec l'expédition d'Égypte. « Et mes huiles, objecte La Vertepillère. — Eh bê ! tes huiles, tu les épureras aussi bien en Ézypte qu'à Paris... tranquillement. »

La tradition fait voyager M. de La Vertepillère un peu partout, en Égypte, en Italie, en Espagne. Et toujours il se trouve quelqu'un sur son passage pour s'écrier : « Tê ! La Vertepillère ! » C'est un cadre élastique auquel chaque conteur ajoute une touche, une anecdote.   C. M.

mais ze ne comprends rien aux ciffres. — I n'y a pas besoin de comprendre, qui dit; ze me çarze de tout; vous ne ferez rien et nous partazerons les bénéfices. — Ah! coumo cela, que ze dis, ze suis votre hommo; qu'est-ce que c'est que cés affaires? — Cés une invention sublime. — Ze n'en doute pas, moussu de La Vertepillère. — Vous savez, Barbastoul, que tout il se fait auzourd'hui par le gaz. — Z'ai entendu parler de ça, que ze lui réponds. — Ze prévois que, dans quéque temps, on ne fera plus de portraits à l'huile; ze veux faire des portraits au gaz. — Au gaz, moussu de La Vertepillère! — Sans doute, Barbastoul; vous allez me donner dix mille francs pour aller cercer le brevet à Parisss.

Gouvasso! ze lui lâçai les dix mille francs.

Le zeune moussu de La Vertepillère il resta trois mois à Parisss; quante il s'en revint i me dit : —Cés des imbécilles; ils ont refusé le brevet. — Et mes dix mille francs? que ze l'interroze. —Soyez tranquille, Barbastoul, vos dix mille francs ils sont en sûreté; ils sont en dépôt cez le gouvernement, qui vous les rendra dans un an et un zour. Ze me rassure, et ze lui dis : — Le gouvernement, il est bien oblizeant, et vous aussi, moussu de La Vertepillère; mais vous vous êtes esguinté pour moi; ze n'entends pas ça; vous allez me dire qu'est-ce que c'est que ze vous dois. — Nous coserons de ça une autré fois, mon cer Barbastoul, qu'il me fait, en me donnant une pougnée de main.

Huit zours après, un matin qu'il pleuvait à verse, un vrai temps de cien, il s'en vient cez moi, d'un air tout estraordinaire, et il me dit : — Z'ai eu un sonze cette nuit; z'ai vu le grand La Vertepillère, mon oncle; il m'a dit : « Mon neveu, va-t'en trouver Barbastoul; ze porte beaucoup d'intérêt à cés aimable garçon; ze veux faire sa fortune et la tienno. »

Moi, ze pensais touzours au gaz, et ze lui dis : — Le brevet, il est donc arrivé? — Cés pas ça, qu'il me dit; cés autre çose. — Quésaco? — Parlez plus bas, Barbastoul, on pourrait nous entendre. — Ne craignez rien, que ze fais, la porte elle est fermée; allez touzours. — Ze viens d'inventer le beau temps. — Vous, moussu de La Vertepillère? que ze lui dis en badinant, on ne s'en apercevrait guère. — Çut! qu'il me fait, et entendez-moi bien, Barbastoul. Est-ce vous savez d'où vient la pluie? — Elle vient d'en haut, que ze réponds. — Sans doute, qui dit, mais elle est formée par les nuazes; ce qui fait que quante on çasse les nuazes, on çasse la pluie. — Bon, ze lui dis, mais comment çasser les nuazes? — On tire le canon dessus.

Ze te le toisai, croyant qu'il se fiçait de moi; mais le zeune moussu de La Vertepillère, il n'y faisait pas attention : — Exemple! vous voyez le matin un petit nuaze de rien du tout qui se faufile dans le firmament; vous lui dites : « Très-bien, mon bonhomme, ze te vois, attends un moment, ze vas revenir. » Puis vous faites transporter votre canon dessus le haut d'une grande

maison, et quante le nuaze il veut passer... pan! boum!
boum!... il est pulvérisé; pas plus de nuaze que dessus
la main. Eh bé! Barbastoul, mon bon, z'espère que
c'és assez prodizieux, ça... Vous allez me donner dix
mille francs pour aceter du canon.

Pécaïre! — les dix mille francs de l'invention du beau
temps, ils s'en sont été rezoindre les dix mille francs des
portraits au gaz.

Et dire que ze n'ai pas pu me payer le plaisir de casser le zeune moussu de La Vertepillère, parce qu'il m'a
zoué le mauvais tour d'aller se faire embrocer à Cahors
par le terrible Espitalier!

III

Encore, si z'avais été hureux en amour! mais va te
promener. Touzours la même çance!

Z'aimais la Zoséphine, — qui était la belle fille que
vous avez pu connaîtro, parce qu'elle était la première
des premières au grandissime théâtro de Marrrseille.
La Zoséphine zouait les dugazons, qu'on appelle. Moi,
ze ne m'y connais pas, et ze me fice de la musique
comme de la cuisine au beurre. — Mais la Zoséphine,
c'était autre çose. Elle çantait mieux qu'Espinasse,
zuzez!

Quante ze la vis, dans ze ne sais plus quelle bamboce où il y a des Turcs, ze me dis : — Barbastoul, tu es pincé !

Z'allai cercer Cazenavette à son café, parce que Cazenavette, c'est un hommo de bon conseil et qui a touzours de beau linze. Ze lui dis : — Comment tu t'y prendrais, toi, pour faire la cour à la Zoséphine? — Comment ze m'y prendrais, moi? qui dit. — Oui. — C'est pas difficile, mon cer; ze lui ferais des cadeaux. — Des cadeaux? qu'est-ce cette bête? ze lui dis. — C'est pas une bête, qui dit; c'est des boucles de l'oreille, des mouçoirs brodés et des çâles. — Des çâles? tu plaisantes, Cazenavette? — Ze ne voudrais pas plaisanter avec un ami comme toi, qui dit. — Est-ce qu'un bon dîner, il ne serait pas la même çose? — Un bon dîner, il n'a zamais rien gâté, qui répond Cazenavette; et ze va tout de suite en commander un pour trois personnes.

Ze l'arrête par son bras.

— Trois personnes? que ze lui dis. — Eh oui ! puisque ze vas inviter de ta part la Zoséphine. — C'est zuste, ze lui dis. Et te voilà mon Cazenavette qui file comme une flèce. Il revient au bout d'un quart d'heure tout seul. Il me dit : — Allons nous mettre à table. — Eh bé ! et la Zoséphine? ze lui demande. — La Zoséphine, elle n'a pas voulu venir; mais qu'est-ce que ça fait? nous allons manger le dîner tous les deux.

Le dîner fini, Cazenavette il me dit : — Qu'est-ce

que ze t'avais dit, que ce n'était pas coumo ça qu'on prenait les femmes? qu'il faut des cadeaux, tu entends? — Où ça se prend, les cadeaux? — Ça se prend cez la bizoutière de la Canebière, cez madame Aubarède.

Nous allons cez la madame Aubarède, qu'elle était de mauvaise humeur, parce que son hommo il te l'avait battue le matin. Ze lui dis, en tirant mon çapeau : — Madame, voulez-vous me vendre des cadeaux? Elle me dit : — Ze le veux sans le vouloir. — Madame, ze lui réponds, ze vous parle avec politesse, et z'ai lieu de m'étonner de ma surprise, venant d'un sece comme le vôtre. Après que ze lui ai collé ça dans la main, elle me fait voir un tas de petites fiçaises. Ze lui dis : — Montrez-moi aute çose. Elle va cercer, dans la vitrine, des pierres. Ze lui dis : — Montrez-moi aute çose. Elle me fait voir des diamants et des bagues. Ze lui dis : — Montrez-moi aute çose. Alors, la madame, elle me dit toute rouze de colère : — Vous allez me passer la porte, polisson, ou z'appelle la garde!

Dedans la rue, ze demande à Cazenavette : — Qu'est c'est que ze lui ai donc dit, et pourquoi qu'elle se fâce? — Ze ne sais pas; cés une folle, répond Cazenavette; allons cez une autre, *zou!* Nous y allons. Z'acète pour quatre cents francs de cadeaux, et ze paye, pendant que Cazenavette il met les cadeaux dedans sa poce. Ze lui dis : — Pourquoi tu mets les cadeaux dedans ta poce? Il me dit : — Il faut bien que ze mette les cadeaux dedans ma poce, puisque ze va les porter de ta part à la Zoséphine. — C'est zuste, ze dis.

Nous nous en allons ensemble à la porte des atteurs et des attrices. Cazenavette il me dit : — Attends-moi, ze monte une minute dans sa loze. Ze l'attends deux grandes heures. Il me dit : — Z'ai vu la Zoséphine, elle est ençantée et elle te remercie. —Z'en suis très-aflatté, que ze réponds. Mais elle n'a pas eu le temps de me coser, elle m'a dit de revenir cez elle après le spétaque. — Eh bé! et moi? — Toi, tu l'es trop inflammé, mon cer, tu gâterais tout dans une première entrevue, rentre tranquillement cez toi, ze te raconterai demain matin ce qui se sera passé.

Le lendemain, Cazenavette il arrive de bonne heure. — Eh bé? ze lui demande. —Elle t'adore, qui dit Cazenavette; mais elle veut une broce. — Qu'est ça, une broce? — Cés un petit maçin en quéque çose de précieux qui s'agrafe dessus l'estomac. — Va pour la broce, ze dis.

Z'avais mon plan. Ze lâce mon Cazenavette en te l'envoyant aux allées de Meillan, et ze tire de l'autre côté. Z'acète la broce, et ze me fait annoncer cez la Zoséphine, qu'elle se faisait coiffer par le merlan du théâtro. Ze lui dis, la bouce en cœur : — Bonzoùr, mon anze. Elle me dit : — D'où que vous sortez, l'ami? — Voici la broce, que ze fais. — Ah! très-bien, que vous venez de la part de mon cer amant le Cazenavette; coumo va-t-il depuis ce matin, ce céri, ce fifi?

IV

Les médecins i m'avaient conseillé un petit voyaze
afin de me distraire. Zustement, Lagarrigue que ze
rencontre sur le port, il me tape su l'épaulo : — Te
voilà, grande flème! qui me fait; ze m'en vas à Parisss.
— Tu t'en vas à Parisss, Lagarrigue? — Eh oui! mon
bon; ils sont touzours à me ciller le dos avec leur Parisss; i faut voir ce que c'est; ça en vaut peut-être la
peine, on ne sait pas. — Tu as rezon, Lagarrigue; ze
pars avec toi, tê!

En route, nous prenons Ramadié; ça faisait que nous
étions troisss. Nous t'embarquons dedans le cemin de
fer des provisions de çarcuiterie et des bouteilles de vin,
et des bouteilles de rhum, et des couteaux, et des for-
cettes. Tous les voisins i se plaignaient, mais nous te
les envoyons promener, les voisins. Nous arrivons à
Parisss, qu'il faisait tout noir et que tous les habitants ils
étaient coucés, coumo des imbéciles; nous descendons
dedans un hôtel qu'il était tout près de la gare. Ils appellent ça un hôtel, que ça fait suer! Au petit zour, Lagarrigue i se lève le premier et i me vient réveiller. —
Eh bé! qué que tu pense de leur Parisss? qui me dit. —
Ce n'est pas quéque çose de si magnifique, que ze ré-

ponds. — Et que ça ne vaut pas Marrrseille encore! il azoute Lagarrigue. — Allons voir Ramadié, que ze propose.

Ramadié i ronflait dedans son lit, comme une grosse horloze; ze te lui donne un coup de poing et ze lui dis :
— Esse que tu t'amuses, toi, à Parisss? — Moi, qu'il fait, ze m'embête comme tout. — Moi, ze ne veux pas défaire ma malle, qu'i dit Lagarrigue. — Moi, non plus.
— Eh bé! retournons à Marrrseille, que ze dis.

Et nous retournons à Marrrseille.

Leur Parisss, quéque çose de propre!

Depuis ce voyaze, ze n'ai vu qu'une seule fois Lagarrigue et Ramadié. C'était il y a quinze zours. Ils allaient dîner à la Réserve. — Veux-tu venir avec nous? qu'ils me disent. — Non, que ze réponds tristement. — Eh! viens, Barbastoul, nous çanterons, nous boirons, nous ferons la vie! — Ze ne peux pas, que ze te leur répète. — Et pourquoi? — Parce que ze n'ai pas le sou. — Eh! viens tout de même, qu'ils disent; tu ne dîneras pas!

La vie, elle m'est à çarze, et celui qu'il voudrait m'empêcer de piquer ma dernière tête, ze te lui dirais : — Connais-tu la Méduse?

Adiou, mes pichouns!

Il est inutile de cercer de l'arzant dedans ma çambre; ze l'ai tout manzé.

On ne trouvera cez moi que ma grosse montre accro-
cée à mon clou de ma ceminé. Ze la donne en souvenir au petit Delpech, qu'il est le cien du commissaire,
ou, pour m'exprimer plus poliment, son commis. Le petit Delpech il a été mon seul ami dans ces derniers
temps...

Mais aussi il peut se vanter que ze te lui laisse une
fière montre, quoiqu'elle soit en arzent; — elle te fait
son heure en quarante minutes !

Si l'on retrouve mon corps, ze désire qu'on mette dessus ma tombe ces mots tout seuls :

« Pauvre Barbastoul ! »

X

CE QUI N'ARRIVE JAMAIS

I

LA PETITE POSTE

Une mansarde; un poëte; le soleil.

LE SOLEIL. —Allons! debout, paresseux!

LE POËTE. — Je rêvais que j'étais Alain Chartier, et qu'une princesse m'embrassait sur la bouche. De la fatuité jusque dans mon sommeil! — Si pour me réveiller je chantais un couplet de Scribe? Non; plongeons-nous plutôt la tête dans l'eau froide. (*On sonne.*) Bon! voilà le commencement.

LE CONCIERGE, *entrant.* — Monsieur, c'est votre courrier. (*Il dépose des lettres sur une table.*)

LE POËTE. — Il vous manque le plateau d'argent, père Mathias.

LE CONCIERGE. — On n'est pas parfait, monsieur, surtout dans un état aussi décrié que le nôtre. (*Il se tient dans une attitude parente de la modestie.*)

LE POËTE, *décachetant une lettre.* — Qu'est-ce qu'on peut me vouloir? Tiens! c'est de Renaud, un revenant. Lisons.

« Mon ami,

» Il y a cinq ans, le 14 février, à onze heures un quart du matin, dans la rue Neuve-Saint-Marc, tu as eu l'aménité de me prêter un louis, dont j'avais le plus grand besoin. Je m'en suis toujours souvenu ; et aujourd'hui j'ai le plaisir de te renvoyer cette somme en timbres-poste, avec mes remercîments les plus empressés... » — Les plus empressés? Il a de l'aplomb.

LE CONCIERGE. — Voilà un beau trait, monsieur.

LE POËTE. — Je ne chercherai pas à en disconvenir. Aimez-vous les timbres-poste, père Mathias?

LE CONCIERGE. — Heu!... comme taffetas d'Angleterre, pour les coupures seulement.

LE POËTE. — Eh bien! quand vous vous couperez, montez chez moi.

LE CONCIERGE. — Eh! monsieur, vous savez bien que c'est demain le jour du terme et que vous avez reçu congé. La parole est impuissante pour rendre la peine que j'en éprouve.

LE POËTE. — Ce n'est pourtant pas pour ce que je vous donnais, père Mathias ! Vous n'avez guère à vous louer de mon faste.

LE CONCIERGE.—Vous ne me donniez rien, c'est vrai. (*Il s'attendrit.*) Mais vous aviez une manière à vous de ne me rien donner, qui m'allait au cœur. Vous rentriez fort tard, surtout les nuits de première représentation à l'Odéon ; mais en rentrant vous me racontiez quelquefois la pièce. Ces souvenirs attachent, voyez-vous. Aussi, je suis navré de vous voir quitter la maison. Pour trois misérables termes ! — Ah ! si vous aviez seulement consenti à faire une petite visite au propriétaire, tout se serait arrangé peut-être...

LE POËTE. — Jamais. Je lui abandonne les trois termes que je lui dois ; c'est la seule concession à laquelle il me soit possible de descendre. N'en parlons plus. — Y a-t-il autre chose pour moi ?

LE CONCIERGE, *avec hésitation.* —Ce papier, apporté par un homme en habit à la française et en chapeau à deux cornes.

LE POËTE. — Voyons. (*Il prend le papier dont nous reproduisons ici la physionomie.*)

BANQUE DE FRANCE

———

Vous êtes invité à venir payer à la Banque, aujourd'hui de 4 à 5 heures, un Effet de 380 fr. .

Bureau nº 65, au rez-de-chaussée.

Demander M. Grosbergeot.

Rapporter ce Bulletin.

6ᵉ Brigade.

LE CONCIERGE. — J'ai supposé qu'il était inutile de laisser monter cet homme chez vous de si bon matin.

LE POËTE. — Vous avez bien supposé, père Mathias. Êtes-vous certain de n'avoir plus d'autre message?

LE CONCIERGE. — Ah! votre éditeur est venu lui-même hier trois fois pour chercher votre manuscrit des *Soupirs des grèves* ; il prétend que la poésie est énormément demandée.

LE POËTE, *qui s'est habillé pendant ce temps.* — Voilà qui est étrange. Je cours chez lui pour me convaincre de ce fait. — Père Mathias,

> Si l'on vient pour me voir, je vais aux prisonniers
> Des aumônes que j'ai partager les deniers.

LE CONCIERGE. — Très-bien, monsieur. C'est une citation. On connaît ses classiques. *Le premier qui fut roi fut un soldat peureux... Les prêtres ne sont pas ce qu'un vain peuple pense... Ne forçons point notre talent, nous ne ferions rien avec grâce... Tu dors, Brutus!... — (Il essuie les meubles avec son plumeau.)*

II

L'AMOUR

Une chambre rue La Bruyère. De la richesse et du goût, du confort et de la simplicité. Sur un tête-à-tête, une jeune femme et un homme mûr, les mains dans les mains.

ÉDOUARD. — Que tu es belle ainsi, ma Jeanne ! on ne te donnerait pas plus de seize ans.

JEANNE. — J'en ai cependant trente, bien sonnés.

ÉDOUARD. — C'est impossible ; tu te calomnies, mon ange. Trente ans, toi ! allons donc !

JEANNE, *allant à un coffret.* — Voilà mon acte de naissance, prends-le.

ÉDOUARD. — Tu veux que je lise ?

JEANNE. — Certainement. Ne suis-je pas confiante en ton amour ?

ÉDOUARD, *parcourant le papier.* — C'est pourtant vrai... j'en reste confondu. « Le trois octobre mil huit cent vingt-neuf, à deux heures de relevée... Suzanne-Pétronille-Jeanne Maütort... » Pétronille ?

JEANNE. — Pétronille ; oui, mon ami ; c'est un de mes noms, mais je ne le porte pas.

ÉDOUARD. — Je le crois bien, parbleu ! (*Lisant.*) « Née

de Pierre-Clément Mautort, corroyeur, rue de Chabrol… « Corroyeur? Ton amie Angèle m'avait affirmé que ton père était général.

JEANNE, *riant*. — Général! je reconnais bien là les inventions d'Angèle. Pourquoi pas maréchal?

ÉDOUARD. — Que ta franchise est adorable! (*Rêveur.*) Trente ans; je ne l'aurais jamais cru. — Mais alors je n'ai guère que quelques années de plus que toi. (*Il se regarde dans la glace.*)

JEANNE. — Sans doute, mon Édouard.

ÉDOUARD. — Au fait, il me reste encore pas mal de cheveux, et je possède toutes mes dents... de devant.

JEANNE, *soupirant*. — Tu es mieux partagé que moi, chéri; car il m'en manque deux.

ÉDOUARD, *bondissant*. — Deux dents! pourquoi pas toutes... comme Pingret!

JEANNE. — Ne t'en étais-tu pas aperçu? (*Une femme de chambre entre.*) Que voulez-vous, Clémentine?

LA FEMME DE CHAMBRE. — C'est un cachemire qu'on vient d'apporter ici d'après l'ordre de monsieur (*Elle se tourne vers Édouard.*)

JEANNE. — Encore des folies! Non, je ne veux pas de ce cachemire; le mien peut encore me faire aisément une ou deux saisons. Il faut renvoyer celui-ci au marchand.

ÉDOUARD. — Tu n'y songes pas, ma Jeanne! (*A part.*) Trente ans!

JEANNE. — Je l'exige... et si tu veux me faire plaisir, eh bien! nous en donnerons la valeur à cette pauvre femme du cinquième, qui vient d'accoucher.

ÉDOUARD, *l'embrassant.* — Tu es un ange! (*A part.*) Pétronille!

III

LA TOILETTE

OPÉRETTE

Un appartement de garçon; un divan.

LE TAILLEUR

Monsieur, je suis votre tailleur,
Et j'apporte, rempli de zèle,
Un habit de forme nouvelle
Qui vous fera beaucoup d'honneur.

LE CLIENT

Beaucoup d'honneur?

LE TAILLEUR

Un grand honneur.

LE CLIENT

Voyons donc, monsieur le tailleur,
Cet habit de forme nouvelle.

LE TAILLEUR.

Il faut d'abord quitter ceci.
Ah! que vous êtes bien ainsi!

LE CLIENT, *avec complaisance.*

Voilà pour un homme de lettres
Une taille qui n'est pas mal.

LE TAILLEUR

Non, vraiment, elle n'est pas mal.

LE CLIENT

Je rois qu'on en voit de plus mal.

LE TAILLEUR

Vraiment, on en voit de plus mal.

LE CLIENT

Mais ce frac, songeons à le mettre[1].

LE TAILLEUR

Vous avez raison. — Votre bras !
Là... par ici, la manche droite :
Ne la trouvez-vous pas étroite ?

LE CLIENT

Je ne la trouve point étroite.

LE TAILLEUR

Pourtant elle ne vous va pas.
Peste de cette manche étroite !
Ce collet ?

LE CLIENT

Il est sans défaut.

LE TAILLEUR

Moi, je soutiens qu'il est trop haut.

[1] Eh bien, et l's, pour rimer avec homme de *lettres* ?

LE TAILLEUR

Cet habit est exécrable,
La forme en est pitoyable ;
Le vendre serait un vol.
Il fait mal du dos, du ventre,
Il faut que cet habit rentre
A l'état de rossignol.

LE CLIENT

Cet habit est admirable,
La forme en est adorable
Il est magistral et moi.
Il fait bien du dos, du ventre ;
Sans difficulté tout entre ;
Il me va comme un faux col.

ENSEMBLE.

LE CLIENT

C'est décidé, mon cher tailleur ;
Cet elbeuf me comble de joie :
Je le conserve, il est ma proie.
Vous n'en feriez pas de meilleur.

LE TAILLEUR

Non, non, vous êtes un railleur !

LE CLIENT

Cet elbeuf me comble de joie.

LE TAILLEUR

Non, non, vous êtes un railleur !

LE CLIENT

Je le conserve, il est ma proie.
C'est décidé, mon cher tailleur.

LE TAILLEUR

Dussiez-vous m'en offrir le double,
Vous n'aurez jamais cet habit ;
L'honneur m'est plus cher que le rouble.
Je le remporte, tout est dit.

8.

LE CLIENT

Mon cher tailleur...

LE TAILLEUR

C'est inutile !
Ce vêtement manque de style.
Je ne le signerai jamais.

LE CLIENT

Jamais ?

LE TAILLEUR

Jamais.

LE CLIENT

Jamais ?

LE TAILLEUR

Jamais

LE CLIENT, *abattu.*

A sa rigueur je me soumets.

ENSEMBLE.

LE TAILLEUR

J'ai de la conscience,
Et veux, projet immense,
Transformer en science
Mon métier méconnu.
Agrandissons ma sphère,
Dût, pour me satisfaire,
Le client mercenaire
Aller plaintif et nu

E CLIENT

Ah, quelle conscience !
Ce tailleur est immense.
Il oint à la science
Un scrupule inconnu ;
Il mérite de faire
Mainte brillante affaire ;
Mais, pour le satisfaire,
Faut-il que j'aille nu ?

(Le tailleur s'en va, malgré les supplications du client.)

IV

LE TERME

Encore la mansarde du poëte. Fenêtre ouverte. Au bord de la fenêtre, un conciliabule de moineaux. Dans la chambre, des hardes éparses, des livres. Le poëte assemble des paquets.

UN MOINEAU. — Qu'est-ce que tu fais donc là, poëte?

LE POËTE. — Tu le vois, je déménage.

LE MOINEAU. — Sapristi!

LE POËTE. — Et je n'ai pas une minute à perdre; à midi, il faut que tout soit vide céans. (*Il entasse des manuscrits dans une vieille malle.*)

UN DRAME EN VERS, *se plaignant.* — Oh! là! là! le butor! j'ai mon cinquième acte tout replié.

UN ROMAN COMMENCÉ. — Ouf! on ne bouscule pas les gens de la sorte; mon héroïne doit avoir au moins le premier chapitre démis.

LE MOINEAU. — Pourquoi t'en vas-tu, poëte?

LE POËTE. — Il est bon là, le moineau! Je m'en vais parce que le propriétaire m'a donné congé.

SECOND MOINEAU, *s'immisçant dans la conversation.* — Le propriétaire, nous le connaissons : c'est la robe de chambre jaune du premier étage.

LE POËTE. — Juste. Un joli monsieur!

PREMIER MOINEAU. — Nous te regrettons, poëte; tu n'étais pas méchant, quoique tu eusses parfois des mines effarées et que tu parlasses tout seul, avec de grands gestes; mais tu ne nous faisais pas peur; nous t'écoutions, et cela nous amusait. Ton successeur ne sera peut-être pas aussi drôle.

SECOND MOINEAU. — Nous regrettons également les croûtes de pain trempées dans l'eau, que tu nous jetais.

LE POËTE. — Bon, bon, cela ne vaut pas la peine de me remercier, mes petits amis. (*Une pendule sonne, pas chez le poëte, au dehors.*) Dix heures! hâtons-nous.

PREMIER MOINEAU. — Que pensera la jeune dame d'en face, lorsqu'elle ne te verra plus?

LE POËTE. — Ah! tu t'es aperçu... Moineau, mon bonhomme, vous appartenez à la police.

LA SONNETTE. — Drelin, drelin!

LE POËTE. — Oui, sonne, sonne; c'est ta dernière heure, ma mie; tu ne me causeras plus de tressaillements; sonne tant que tu voudras. (*Il va ouvrir et se trouve devant le concierge.*) Vous venez voir si cela s'avance, père Mathias, n'est-ce pas?

LE CONCIERGE. — Je n'ai pas la cruauté que vous me supposez, monsieur. Et cependant je dois m'avouer coupable envers vous d'un grand meschief.

LE POËTE. — Mon portier qui parle comme Rabelais, à présent! — Expliquez-vous, père Mathias.

LE CONCIERGE, *embarrassé.* — Vous savez bien ce bulletin de la Banque, que je vous ai remis hier, au sujet d'un effet de trois cent quatre-vingts francs souscrit par vous...

LE POËTE. — Aïe !

LE CONCIERGE. — Vous l'aviez oublié sur votre table ; après votre départ, je m'en suis aperçu.

LE POËTE. — Bah ! c'est bien possible. Fatale étourderie !

LE CONCIERGE, *un pied de rouge sur le front.* — Je m'en suis emparé, et, comme il vous invitait à aller payer avant cinq heures, j'ai pris la liberté d'aller payer à votre place. (*Vivement.*) Excusez-moi, monsieur, j'ai cru bien faire !

LE POËTE, *sévèrement.* — Vous avez remboursé ce billet ?

LE CONCIERGE, *confus.* — Avec mes petites économies.

LE POËTE, *après un moment de silence.* — Monsieur Mathias, votre conduite n'a pas de nom... je pourrais me plaindre aux tribunaux, vous faire arrêter...

LE CONCIERGE. — Moi !

LE POËTE. — Comme aliéné. Mais je préfère vous élever à la hauteur d'un ami. Je vous pardonne. Mathias, tu es l'ange du cordon !

LE CONCIERGE. — Ah ! monsieur ! (*Il se jette sur la main du poëte et la baigne de larmes.*)

LE POËTE. — Dans mes bras ! (*Il ouvre ses bras au*

concierge, qui s'y précipite. — La sonnette tinte de nou-veau.) Qui vient troubler notre effusion?

LE CONCIERGE. — Je sais ce que c'est. C'est le pro-priétaire qui attend sur le palier.

LE POËTE. — Sur le palier... le propriétaire?

LE CONCIERGE. — Il désire instamment vous être pré-senté. (*Entrée respectueuse du propriétaire.*)

LE PROPRIÉTAIRE. — Monsieur, je vous supplie d'ou-blier un malentendu que je déplore de toutes mes for-ces. Votre appartement est loué, il est vrai, mais j'ai à vous offrir, aux mêmes conditions, quatre chambres au premier étage, avec balcon sur la rue et la jouissance de mon jardin.

LE CONCIERGE, *bas au poëte.* — Sa fille est charmante.

LE POËTE, *de même.* — Tais-toi, Mathias.

LE PROPRIÉTAIRE. — J'aime les lettres, monsieur, et lorsque vous voudrez bien me faire l'honneur d'assister à nos petites réunions de famille, ainsi que je l'espère, vous verrez chez moi vos œuvres complètes, reliées en maroquin et doublées en tabis. Ah! vous avez un beau talent, monsieur! Je le disais encore l'autre jour à ma femme.

LE CONCIERGE, *bas au poëte.* — Sa femme est déli-cieuse.

LE POËTE, *de même.* — Tais-toi, Mathias.

LE PROPRIÉTAIRE. — Vous êtes l'enchantement de nos soirées d'hiver. — A propos, avez-vous déjeuné?

LE POËTE. — Pas encore.

LE PROPRIÉTAIRE. — Comme c'est heureux!

LE POËTE, *amer*. — Vous trouvez?

LE PROPRIÉTAIRE. — Certainement, puisque je vous invite. Allons, venez, mon jeune ami. (*Ils sortent.*)

LE CONCIERGE, *seul*. — Seigneur! Seigneur! vous êtes grand et miséricordieux! (*Il essuie les meubles avec son plumeau.*)

XI

LETTRE A MANON LESCAUT

Ma chère Manon,

Vous êtes plus que jamais à l'ordre du jour, à Paris ; vous continuez à faire école ; on ne rencontre à chaque pas que des jeunes filles jolies comme vous, engageantes comme vous, et qui ne font qu'un saut du wagon provincial (le coche n'existe plus) dans le coupé parisien. Elles se font voir au bois de Boulogne avec M. de B..., à la comédie avec M. de G... M... père, au restaurant avec M. de G... M... fils, — ce qui leur laisse moins de temps qu'à vous pour demeurer cachées avec Des Grieux.

Seulement, — voyez le caprice et l'étrangeté ! — depuis quelques années, et surtout depuis quelques jours, on s'arrête, on s'attroupe, on s'émeute, on s'étouffe sur le chemin de ces petites personnes. La foule, avertie je ne sais par qui, stationne régulièrement, de quatre à six heures, sur le boulevard Montmartre et sur le boulevard des Italiens, pour les voir passer en voiture, immobiles dans leurs toilettes, le visage barbouillé de blanc et de bleu, les yeux fixes, les cheveux défrisés sur le front, ce qui constitue la délicieuse coiffure dite *à la chien.* — On s'exclame de diverses façons autour d'elles : M. Cocodès applaudit tandis que M. Prudhomme se courrouce. Tout le monde est d'accord pour dételer leur carrosse ; mais ceux-ci veulent les porter en triomphe et ceux-là les pousser au ruisseau. Bref, c'est une confusion, un vacarme qui offrent quelque chose d'assez plaisant, — je vous assure, Manon.

Ajoutez à cela qu'on les *met dans la gazette,* qu'on expose leurs portraits au coin de chaque rue. Il y a même des abbés Prévost de pacotille pour écrire leur vie avant qu'elles aient vécu. Par exemple, je ne vous donne pas ces histoires pour la fine fleur du bel esprit et du sentiment ; on y parle un langage dont je me réserve de vous offrir quelques échantillons dans le cours de cette épître ; on y trousse des anecdotes dans le goût de celle-ci : — « Finette a une cicatrice à la main ; je puis vous en raconter l'histoire, qui est fort connue au quartier latin. Dans une de ses excursions à la Closerie des lilas, elle remarqua *Voyageur,* — une dame en renom de là-bas. *Voyageur* lui plut, paraît-il. En sortant de la Closerie, on va commencer la nuit chez la rôtisseuse. Finette y alla, comptant y rencontrer sa nouvelle connaissance. Irritée de ne pas la trouver, et excitée un peu par les émotions de la soirée, elle réclama *Voyageur* à grands cris, en agitant le bras droit, si bien que son poignet, s'étant baissé sur un verre, le brisa, et que les éclats lui firent une blessure profonde. Le sang coula à flots ; Finette fut brave. « Elle ne prit » pas mal au cœur », me dit une femme qui me racontait cette histoire. Elle s'enveloppa la main d'une serviette et continua même encore son geste pendant quelques minutes[1]. »

*
* *

Vous avez déjà plusieurs questions sur les lèvres, ma chère Manon. La première, naturellement, est : —Sont-elles jolies ?

Ensuite : — Comment s'habillent-elles ? Comment parlent-elles ? Comment écrivent-elles ? Comment aiment-elles ? Comment s'enrichissent-elles ?

Je vais essayer de répondre à toutes ces questions-là, et aussi à d'autres que vous ne me faites point.

« Sont-elles jolies ! » Je le crois bien ! Jolies malgré tout et en dépit de tout. Elles n'ont rien à envier sous ce rapport au XVIIIe siècle ; ce sont les mêmes petites mains, les mêmes petits pieds, la même

---

[1] *Ces Dames.*

petite bouche. Moreau le jeune et Binet, le dessinateur de la *Paysanne pervertie*, auraient pris plaisir à retrousser ce nez, à poteler cette joue, à ourler cette oreille, à mettre une grâce là, une lutinerie ici. On n'est en droit de reprocher à leur physionomie qu'un peu de froideur voulue, reflet des importations britanniques, mais impuissant à effacer la marque parisienne.

C'est donc un premier lieu commun que de leur contester les dons du visage, — de leur refuser l'œil, la dent et le cheveu, ainsi qu'ont fait les frères de Goncourt dans leur plaquette intitulée la *Lorette*. On peut être moraliste sans être aveugle. Demandez aux Russes, aux Anglais, à tous ces princes et à tous ces millionnaires, qui ne s'enquièrent ni des distances ni des lettres de crédit pour venir passer un samedi soir au jardin Mabille, demandez-leur s'ils ne les trouvent pas agréables à souhait, d'une attraction irrésistible. L'opinion de ces honnêtes étrangers doit être comptée : leur fortune ou leur race leur a appris à s'y connaître. — Et pour quelques laiderons égarés dans la masse, pour quelques coryphées qui n'ont pas obtenu, comme Ninon de Lenclos, la permission de porter leurs rides aux talons, je ne vois pas la nécessité d'envelopper toutes ces filles d'Ève dans un mensonge universel.

Leur toilette (vous redoublez d'attention, chère amie), bien que d'ordre composite, comme notre architecture, comme notre musique, comme notre littérature, ne

laisse pas d'être adorablement folle. Chapeaux trop petits ou trop grands, robes trop grandes ou trop petites,
manteaux droits à la Watteau, ceintures effrontément
dorées, bas de soie éternellement agaçants, tout cela, —
colère des bourgeoises, envie des duchesses ! — amuse
extraordinairement le regard. Rien de délicieux comme
le ridicule dans les modes. Encore une fois, haussons
les épaules devant les grognons et les chroniqueurs de
mauvaise foi.

Comment elles parlent ? — Aïe ! aïe ! voilà peut-être
leur côté faible. Celle-ci dit : des *bronequins*, et celle-là :
ma robe *bleuse*. Les plus courageuses se refont une éducation à l'usage des hommes distingués et rêveurs,
mais elles gardent toujours la nostalgie de l'argot,
comme dans le *Mariage d'Olympe*.

Comment écrivent-elles ?

Avez-vous mémoire, ma belle enfant, de certaine
lettre un peu — comment dirai-je ? — un peu *sans gêne*
que vous laissâtes dans votre appartement, en aban-
donnant pour la deuxième fois ce pauvre Des Grieux ?
Elle était conçue en ces termes, car, moi aussi, je l'ai
retenue : — « Je te jure, mon cher chevalier, que tu
es l'idole de mon cœur, et qu'il n'y a que toi au monde
que je puisse aimer de la façon dont je t'aime ; mais ne

vois-tu pas, ma pauvre chère âme, que, dans l'état où nous sommes réduits, c'est une sotte vertu que la fidélité ? Crois-tu qu'on puisse être bien tendre lorsqu'on manque de pain ? La faim me causerait quelque méprise fatale ; je rendrais quelque jour le dernier soupir en croyant en pousser un d'amour. Je t'adore, compte là-dessus ; mais laisse-moi pour quelque temps le ménagement de notre fortune. Malheur à qui va tomber dans mes filets !... »

Cette lettre se tire tous les jours à plusieurs centaines d'exemplaires ; la forme peut en varier, comme toutes les formes, mais le fond reste le même. — « *Je te jure, mon cher chevalier...* » On commence toujours par jurer, c'est de rigueur, mais on est moins laconique que vous, Manon ; on jure par quelque chose ou par quelqu'un, — on jure par sa *vieille mère*, — parce que le faux drame a mis les vieilles mères à la mode. Vous me direz avec justesse qu'il y a là un manque de pudeur et une sorte de profanation. Je le sais, mais nos Manon vont vous répondre, en leur petit argot de poche, que *cela fait bien dans le paysage.* — Comprenez-vous ?

« *Je te jure, mon cher chevalier, que tu es l'idole de mon cœur...* » *Idole de mon cœur* est une expression un peu surannée, un peu opéra-comique. On la remplace par *mon ange*, qui est de tout temps, ou par un équivalent tiré du vocabulaire mignard : — *le Gaston à sa petite femme,* — mais cette dernière expression est plus particulièrement du domaine de la grisette. — « *Il n'y a que toi au monde que je puisse aimer de la façon dont je l'aime.* » C'est convenu : les femmes ne nous aiment jamais de la manière dont elles ont aimé les autres. Elles ajoutent infailliblement : — « Ce n'est qu'avec toi que j'ai ressenti ces transports, etc. » — Et puis : — « Je te dois une nouvelle existence; tu as ouvert à mon cœur et à mon esprit des horizons jusqu'alors inconnus. » Voyons, ne riez donc pas comme cela, Manon !

« *C'est une sotte vertu que la fidélité.* » — Oh ! diable ! on entoure aujourd'hui de plus de précautions oratoires l'émission de cette incontestable vérité. — « *Crois-tu qu'on puisse être bien tendre lorsqu'on manque de pain?* » Je suppose que *pain* sous-entend ici : bouchées à la reine, écrevisses à la bordelaise et vin de Champagne. — « *..... Je rendrais quelque jour le dernier soupir en croyant en pousser un d'amour.* » Votre plaisanterie est passablement crue, mon amie; elle sent son Poquelin d'une lieue, et je conçois qu'elle ait révolté le cher chevalier. — « *Je t'adore, compte là-dessus.* » A la bonne heure ! et voilà la devise éternelle! Ces mots sont à eux seuls toute une rhétorique; rien de plus éloquent n'a été prononcé depuis un siècle; *compte là-dessus* fait le fond de la langue du sentiment, bien que des commentateurs grossiers aient essayé de le faire suivre de ces mots malintentionnés : — *Et bois de l'eau.*

« *Malheur à qui va tomber dans mes filets !* » Hélas !

hélas ! mauvaise Manon, vous ne vous doutiez pas de l'écho retentissant et prolongé qu'allait éveiller votre cri de guerre ! Il dure encore, — et, la nuit, des vieillards, cramponnés à leurs dernières illusions, se réveillent en sursaut, croyant l'entendre. O franchise abhorrée ! O candide et parfait oubli de tout sens moral ! ô projets exécrables !

J'avais donc raison de dire que votre lettre était restée le grand modèle de toutes les lettres d'amour et de perversité. Elle sert à la fois aux idiotes et aux précieuses ; — mais ces dernières, toujours préoccupées de leur argot, l'embellisent, vers la fin, de quelques baisers *à la clef.*

Vous continuez à ne pas comprendre, Manon.

*
* *

« Elle appréhende la faim, grand Dieu ! quelle grossièreté de sentiment, et que c'est répondre mal à ma délicatesse ! »

Telle est, Manon, la naïve et douloureuse exclamation qui fut arrachée à l'ami Des Grieux par la lecture de ce billet. — Belle raison, en effet, la faim ! rare et délicat motif, la crainte de ne pas manger ! Comme si l'appétit pouvait être mis sur la même ligne que la passion ! — Et je le vois, le pauvre chevalier, arpentant sa chambre à grands pas, haussant les épaules, froissant le papier avec colère. Il ne se doute pas, pour continuer à parler le langage à la mode, que c'est lui qui est d'*un bleu!*...

Eh! mon Dieu, oui, elles appréhendent la faim, et plus encore le travail que la faim. Le travail, c'est-à-dire la chambre à tabatière, la chaise de paille, le pot à eau, les doigts roidis, les yeux sanglants, toute la mise en scène du troisième acte de *Ce qui plaît aux femmes;* elles redoutent de *marcher sur les gencives,* — et je comprends, moi, cette crainte jusqu'à un certain point.

Voilà pourquoi elles aiment. Les plus franches l'avouent hautement. Vous reconnaissez là votre descendance, n'est-ce pas, Manon? — Mais, rassurez-vous, l'amour vrai, qui ne perd jamais ses droits, vient souvent les visiter à leur déclin, répétant avec Voltaire :

> Qui que tu sois, voici ton maître :
> Il l'est, le fut ou le doit être!

Qui que tu sois! — Et malheur à celles dont le maître s'empare à l'âge des visites chez l'épileuse! Les tristes drames et les violentes douleurs qui s'accomplissent alors dans l'alcôve inopinément purifiée! Les terribles vengeances qui se jouent au bénéfice de l'impassible Morale, — même après la *Courtisane amoureuse* de La Fontaine; même après la *Marion Delorme* de Hugo; même après la Coralie et l'Esther de Balzac!

9.

— Si elles se sont enrichies, elles se ruinent ; si elles ont fait souffrir, elles souffrent ; si elles ont été de marbre, l'amour vengeur les fait de flamme, et dans leurs yeux suppliants il allume dérisoirement l'ardeur insensée des bacchantes !

Aussi y en a-t-il qui finissent comme vous, Manon, héroïquement et chrétiennement. C'est l'exception, je le sais, mais elle est radieuse. On a dit que le ciel était plus en fête au jour de la conversion d'un pécheur qu'au jour de la mort d'un juste. Cette pensée est trop humaine pour ne pas faire sourire ; — et pourtant?...

*
* *

L'aimable et cruel philosophe qui s'appelle Gavarni me paraît avoir un peu forcé les traits de leur décadence. Toutes ne balayent pas les rues, toutes ne portent pas au-devant d'elles un éventaire à poissons. — Pour cinq ou six qui s'asphyxient ou se noient par année, pour d'autres qui meurent gardes-malades comme Adèle Blay, — combien en verriez-vous qui, parvenues à leur maturité, entrent paisiblement et discrètement dans le monde, comme quelqu'un qui, voyant passer un cortége, sort de la foule des curieux et se mêle au convoi? Elles prennent la suite des sages et des heureuses ; remarquées d'abord, elles s'effacent insensiblement, se confondent, et finissent par ressembler à tout le monde.

Le temps les recouvre ensuite de son vaste manteau d'indulgence.

Voulez-vous un exemple, imprévoyante Manon, de l'esprit de calcul de quelques-unes et de leur perception froide et sûre de l'avenir? Je vais l'emprunter tout exprès pour vous à un livre de Théodore de Banville, les *Esquisses parisiennes*, un livre qui a tellement terrifié la critique, qu'elle a passé à côté sans en souffler mot, les cheveux hérissés, les prunelles agrandies. — C'est une jeune fille qui parle, une jeune fille de l'école actuelle, presque une enfant; elle définit son avenir en ces termes :

« J'aurai deux cent mille francs sur l'affaire des terrains du clos Saint-Lazare; puis il y a des rentes, deux cents actions dans l'affaire des fiacres, dès qu'elle se fera; et c'est à moi spécialement qu'a été donné le privilége du petit théâtre à bâtir rue de Rivoli; seulement il me faut un prête-nom... Mon plan est bien simple. Gérard sort aujourd'hui de Saint-Cyr. Dans sept ans il sera décoré et capitaine; grâce au million que je lui apporterai, il obtiendra de reprendre le titre et le nom de sa mère; nous nous marierons et tout sera dit. Car lorsqu'on n'est pas honnête fille, il faut se faire honnête femme, ou on ne mérite aucune pitié, car on est une bête! »

*
* *

A propos de tout cela et à propos de bien des choses encore, — de bien des choses et de bien des personnes, — je veux rire avec vous, Manon, d'une prétention du XIXe siècle. Le XIXe siècle a la fatuité du vice ; vous ne lui ôterez pas de la tête qu'il est le plus grand pendard du monde, un scélérat consommé, le dernier mot de la dépravation humaine. Il en est convaincu. Ne lui parlez ni de la Rome des Césars, ni de la Régence, ni du Directoire ; l'opinion du XIXe siècle est qu'il résume et dépasse toutes les époques d'exorbitances et d'immoralité. C'est à peine s'il ose se regarder en face dans son miroir. — Allons, allons, mon bonhomme, vous n'êtes pas aussi effrayant que cela ; vous vous calomniez, vous valez mieux que vous ne le croyez vous-même. Restez tranquille dans votre paletot et ne redoutez pas tant le feu du ciel. Pour quelques assiettes jetées par les fenêtres des restaurants, pour quelques petites émeutes intimes dans les avant-scènes du boulevard du Temple, il n'y a pas de quoi se glorifier ou se maudire. Vous n'avez pas agrandi le vice ; vous l'avez vulgarisé tout au plus. Vous l'avez mis à la portée du premier faquin qui, pour trois francs, a le droit de franchir le seuil illuminé du Casino ou la grille du Château-des-Fleurs, — cette admirable

grille signée par Lamour, serrurier de Louis XV. —
Vous avez mis le plaisir au rabais, comme vous avez
fait de toutes choses, des pendules et des habits. Grâce
à vous, le sommier Tucker a remplacé le sofa de Cré-
billon fils. Allons, mon brave XIX° siècle, cessez de
poser pour le fantôme de l'Antechrist. Tranquil-
lisez-vous au sujet de vos égarements. Vos petites
brochures ne détruiront rien du tout, non plus que
vos petites images qu'on regarde au fond des petites
boîtes. Les corrupteurs sont ceux qui écrivent les *Liai-
sons dangereuses* ou *Jacques le fataliste*. Il y a d'ailleurs
une autre population, un autre esprit que la population
et l'esprit qui s'agitent dans les cafés du boulevard et
remplissent les établissements de danse. Ce Paris dans
Paris, que vous voulez créer, n'est ni la préoccupation,
ni l'attrait, ni l'effroi exclusifs du passant. Lorsque la
France se fait de jour en jour si grande par ses guerriers, par ses historiens, par ses poëtes, par ses pein-
tres, — aux yeux de qui croit-on pouvoir la personnifier
en une courtisane tatouée de poudre de riz, aux coins
des paupières allongées à l'aide d'une épingle noircie,
aux bottines lacées avec un cordon bleu ou rouge, et
dont le souci principal est de lever le pied au son d'un
orchestre de faubourg ?

XII

ÉMOTIONS D'UN BOURGEOIS

EN LISANT SON JOURNAL.

I

Le voilà! il vient de paraître; il sent encore l'imprimerie. Contenons-nous, ô mon Dieu! ne laissons pas
éclater notre joie; on en rirait peut-être et je serais
troublé dans ma lecture.

Que voulez-vous! j'aime mon journal; c'est plus fort
que moi. Il y a des gens qui se passionnent pour une
bête qui jappe ou pour un gros oiseau vert et rouge qui
mord. Je ne me moque pas de ces gens-là; je fais même
des efforts pour comprendre leur goût, — mais à la
condition qu'on me laisse tranquillement vivre par mon
journal et pour mon journal.

Il y aura quinze ans au trimestre d'octobre que je
l'aime, que je lui suis fidèle et que je le collectionne.

Cela a commencé comme une aventure : un de mes amis, qui s'était ruiné dans la teinture des bois, partait pour Valparaiso ; il vint me faire ses adieux ; son abonnement avait encore six mois à *courir*, il me le céda.

Sur le moment, je ne me montrai pas assez touché de ce cadeau.

J'avais alors des préventions contre tous les journaux en général ; cela venait de ce que je n'en avais jamais possédé un seul à moi. Je les avais toujours lus au café, entre deux parties de dominos, au bruit du billard et des conversations. Tout est bien changé aujourd'hui : je me passerais plutôt de mon repas que de mon journal. Je dis : mon journal ! parce que je ne peux pas me figurer que ce soit aussi le journal des autres ; il me semble qu'il existe entre lui et moi des relations exclusivement intimes ; je me plais à le regarder comme un être animé ; je lui parle, je l'apostrophe, je le réfute, je m'emporte, — et je finis toujours par lui céder.

II

Le voilà, je le tiens, je vais en déchirer la bande. Mon fauteuil me tend les bras, placé auprès de la fenêtre, dans le jour le plus favorable. Au dehors, mes ordres sont donnés : je n'y suis pour personne. — Commençons.

Très-bien, ce *bulletin !* Parfait, ce *bulletin !* L'écrivain qui le rédige a du tact et de l'expérience. Il ne va jamais trop loin; il ne dit que ce qu'il faut dire. C'est mon homme. — A quoi bon, en effet, mettre le feu chaque matin aux quatre coins de l'Europe, je vous le demande?...

Voyons maintenant l'article de fonds : *Du paupérisme en Angleterre ;* il est divisé par numéros, ce qui est l'indice d'un morceau d'éloquence : « Nous aborderons au- » jourd'hui la partie théorique du discours de M. Bright, » prononcé dans le grand meeting de jeudi dernier, à » Huddersfield... » Hum! c'est bien profond pour moi. Quatre colonnes sur ce ton! Ma foi, je suis sans témoins, passons l'article de fonds.

Actes officiels. — « Par décret du 26 septembre... » Ah! mon Dieu! est-ce possible? (*Il appelle.*) Ma femme! ma femme! Grosbouchon est décoré! notre ami Grosbouchon, de l'hôpital militaire! Quel bonheur pour sa famille !

N'est-il pas un peu ton cousin?

III

Où en étais-je? *Correspondance particulière... Nouvelles étrangères... Faits divers...* — Oui, *Faits divers!* Ils sont bien maigrelets aujourd'hui, bien maigrelets.

Tant pis! car c'est une des parties de mon journal aux quelles je m'intéresse le plus.

« Le jaguar du Jardin des plantes est décédé avanthier dans l'après-midi... » Il était bien triste, il est vrai. Je me souviens d'en avoir fait la remarque à ma nièce il n'y a pas plus de six semaines; j'ai même ajouté : — Voilà un animal qui n'ira pas loin !

N'importe; je suis fâché que l'événement ait justifié ma prédiction.

Encore de nouveaux effets de l'orage dans l'église du petit village de la Gaubertière (Deux-Sèvres) : « La » foudre, qui a respecté le clocher et la chaire, a em- » porté le tronc pour les pauvres. » — C'est très-singulier, en effet !

« Un pari qui a failli coûter la vie à son auteur a eu » lieu la semaine dernière à Manchester... » — Pourquoi est-ce toujours à Manchester que les paris ont lieu? — « Le nommé John Black avait parié de manger » en un quart d'heure trente kilogrammes de rosbif, » sans boire autre chose qu'un petit verre de gin... Il » a été transporté à l'hospice dans un état désespéré. » — C'est bien fait ! l'homme s'assimile à la brute par une absorption immodérée; telle est du moins l'opinion de nos médecins les plus fameux, de Boerhaave entre autres.

Ah! des détails sur l'inconnu exposé hier à la Morgue : « Une femme qu'à ses vêtements il était aisé de » reconnaître pour une artisane s'est tout à coup ap-

» prochée du vitrage, en donnant les signes de la plus
» vive agitation ; mais après quelques minutes d'exa-
» men, elle s'est écriée sur le ton du désappointement :
» — Ce n'est pas lui ; quel malheur ! »

Comment ! c'est là tout ? Mais cela ne m'apprend au-
cunement quel est cet individu. On a dû cependant trouver quelques papiers sur lui, une lettre inachevée ou
une pièce de vers écrite une heure avant sa mort. C'est
l'usage. Au besoin, je me passerais de la pièce de vers,
mais je veux des renseignements ! — Ne pouvait-on pas
me dire de quelles initiales son linge était marqué ?

Vraiment, le rédacteur des *Faits divers* se néglige
beaucoup depuis quelque temps. Cette négligence perce
dans mille petites choses. Ainsi, il ne s'est pas procuré
un seul centenaire depuis bientôt deux mois. Eh bien !
c'est trop long. De quinzaine en quinzaine, un centenaire ou une centenaire accomplissant exactement ses
quatre repas par jour et lisant sans lunettes, — cela fait
plaisir, cela encourage. J'aimerais aussi à voir revenir
plus fréquemment l'honnête anonyme « qui restitue
14 fr. au Trésor par la voie de la poste. » Ce sont là
de ces traits de probité bons à propager au siècle où
nous sommes. Dans un autre genre, quelques exemples
de *vol à la tire* ne seraient pas non plus perdus pour les
personnes trop confiantes. On pourrait remettre sous
les yeux la femme qui soustrait des étoffes dans les
magasins ; autant d'avertissements ! — Ce rédacteur ne
comprend qu'à demi ses devoirs. — Il ne passe donc

jamais dans les rues où les maçons tombent du haut
des échafaudages? il ne s'enquiert donc pas des puits
qui s'éboulent, des fosses d'aisances qui n'ont point été
vidées depuis trente ans? — Encore si pour racheter
cette insouciance il se livrait à des calculs ingénieux
ou à des statistiques plaisantes! On ne se lasse jamais
de savoir ce que Paris consomme en une journée de
veaux, de moutons, d'œufs et de barriques de vin. Voilà
comme on amuse et comme on séduit, comme on attire
et comme on retient!

IV

Les *Tribunaux* ont bien aussi leur petit charme; je ne
sais ce qu'ils me réservent dans ce présent numéro,
mais je doute qu'ils m'intéressent plus fort qu'à l'occasion du procès Cervignoli. Ah! le joli adultère que c'é-
tait là! trente-sept lettres imprimées avec des épithètes
dans le goût de celles-ci : *Mon ange! ma louloute! ton
gros ours de mari!* Je n'avais rien lu d'aussi chaleureux
depuis les lettres de Mirabeau à Sophie, datées du don-
jon de Vincennes.

Ce qu'il y avait de bouffon dans ce procès, c'est que
les deux amants avaient étouffé Cervignoli, le mari, entre
deux matelas, et que Cervignoli était resté huit mois
dans cette position. Ah! ah! ah! (*Il rit.*)

Mais je me laisse aller à mes remembrances, et j'oublie les *Tribunaux* de ce jour : — « Cour d'assises de la Seine. Présidence de M. Anspach. Condamnation d'une concierge. — « M. V..., artiste peintre, avait quitté de-
» puis trois mois un logement qu'il occupait rue Chau-
» chat, 27, pour aller habiter à Montmartre. En partant,
» il avait défendu à la concierge de donner sa nouvelle
» adresse. Cette concierge n'ayant pas tenu compte de
» cette injonction, et des désagréments de plusieurs sor-
» tes en étant résultés pour son ancien locataire, M. V... a
» porté plainte. C'est cette affaire qui amenait aujour-
» d'hui la femme B... sur les bancs de la cour d'assises.
» Après les débats les plus animés et les plaidoiries les
» plus émouvantes de part et d'autre, la femme B...,
» concierge, a été condamnée à quinze ans de travaux
» forcés.

» Le visage de l'accusée n'a trahi aucune émotion en
» entendant cet arrêt. »

Sac à papier ! je trouve la cour un tantinet sévère. Pourquoi donc ce peintre tenait-il à ce qu'on ignorât sa nouvelle adresse? Tout est mystère dans la vie des artistes !

V

VARIÉTÉS. *Mœurs finlandaises*. Très-bien. Je mets de côté ce morceau, ainsi que l'article de fonds, — pour ma provision d'hiver, avec mon bois.

La *Revue commerciale* a pour moi de médiocres appas ; cela vient de ce que je n'ai jamais exercé d'autre profession que celle de sous-chef au ministère des cultes. Néanmoins je ne suis pas fâché — comme citoyen — d'apprendre de temps en temps que « les orges disponibles sont toujours rares, que les seigles, un moment décontenancés, ont repris faveur sur les marchés de Champagne, à 27 50 et 28 fr. les 150 kil., et que l'on n'a rien dit au riz. »

VI

Il est des lecteurs qui jettent un coup d'œil d'indifférence aux publications de mariages et aux décès. Je ne suis pas de ceux-là, et j'estime que c'est là surtout un champ fertile pour l'observateur. Voyons les mariages :

« M. Huguet, employé, rue de Beaune, et mademoiselle Bolot, à la Guadeloupe. » — Ils s'épouseront sans doute à l'aide du câble sous-marin.

« M. Cordier, entrepreneur de bains, rue de Babylone, 7, et mademoiselle Fouinard, même rue, même maison. » Et même numéro probablement.

« M. Jouvenot, boucher, rue du Four-Saint-Germain, et madame Reboul, marchande de vins, rue Taranne. » La faim et la soif... hi ! hi !

On ne se marie plus beaucoup. Est-ce que la mode s'en perdrait ? Cela m'étonnerait sans m'affliger.

Inhumations du 9 octobre. Fini de rire. Trente ans... dix-sept ans... onze mois... « Bachimont, colonel de hussards, quatre-vingt-huit ans... » Oh! oh! à la bonne heure! de quatre-vingt-huit ans, c'est un âge décent. Ces militaires, comme la gloire les conserve!

Diable! — je remarque qu'on meurt beaucoup plus dans mon arrondissement que dans les autres.

VII

Pourquoi dédaignerais-je les annonces? Un bon avis peut se cacher parfois dans cette quatrième page, si variée d'aspects. — Quel océan! quelle houle! quelle lutte de grosses lettres! Il me semble que je les entends toutes s'écrier : — Regarde-moi! lis-moi! c'est moi seule qui mérite ton attention! — Voici l'armée des médicaments, des sirops, des pâtes, des biscuits, des bonbons, des pastilles, des dragées, des pilules, des chocolats, des eaux, des vinaigres, des pommades, des dentifrices, des savons, des poudres, des crèmes! — Voici le bataillon des maisons de confection, les Saint-Jacques, les Saint-Augustin, les Saint-Eugène! C'est à ne savoir à qui prêter les yeux! Un tohu-bohu! une cacophonie! *Taches et boutons au visage* coudoient les *Mémoires de M. Guizot;* les dîners à prix fixe s'étalent à côté du *Morto-insecto.* Il n'y a pas jusqu'aux petites lettres qui ne se fassent bizarres, gothiques, renversées, pour forcer le regard. D'autres appellent l'image à leur aide. Qu'est-ce ceci? Un bout de sein. Et cela? Un irrigateur. Très-jolie estampe. Un homme applique son mouchoir sur une joue enflée. Gracieux dessin. Le Christ portant une brebis sur les épaules est l'enseigne d'un commerce de paletots. Le Congrès de Paris vend des chaussons. L'Armée d'Italie débite des panamas. Béranger tient des cannes.

Et vous ne voulez pas que je lise les annonces!

VIII

J'ai l'habitude de garder le feuilleton pour la bonne bouche. Je suis un délicat.

Le roman que publie actuellement mon journal est un épisode emprunté aux mœurs de la Régence; l'intérêt en est heureusement gradué, le style facile et coulant; l'auteur, que je ne connais pas, est appelé à prendre une belle place parmi nos conteurs les plus aimés du public. — Est-ce bien de moi, cette phrase-là?...

J'en suis resté au moment où le régent sort d'un petit souper, dans la rue des Bons-Enfants, chapitre lestement troussé.

« — Qui va là? s'écria une voix.

» — Parbleu! dit Philippe en portant vivement la main à son épée, je châtierai l'insolent qui...

» Mais le valet qui le précédait ayant mis aussitôt

sa lanterne sous le nez de l'inconnu, celui-ci partit d'un éclat de rire.

» — Dubois! dit le régent.

» Tous les deux se dirigèrent, d'un pas légèrement aviné, vers la rue Laffitte... »

Comment! la rue Laffitte?

Est-ce que la rue Laffitte existait du temps du régent?

Il est vrai que cela importe peu à l'action, et que l'action est palpitante. Continuons : «... Quand on la releva, on s'aperçut que Suativa avait perdu la raison. On la transporta immédiatement à l'hospice de Lariboisière. — (*La suite à demain.*) »

La suite à demain! — déjà!

Vingt-quatre heures à attendre, un siècle! comme dirait M. Scribe.

O mon journal!

Personne ne me voit... Si je le recommençais?

XII

UNE VISITE A PAUL DE KOCK

Je ne pense pas être ridicule ou trivial en avouant ma sympathie littéraire pour le romancier Paul de Kock. J'aime ce talent naïf, ce style clair, cette goguette perpétuelle, — et aussi ce vrai sentiment des qualités morales qui font l'homme vertueux. Son œuvre n'a pas d'équivalent dans les littératures étrangères, et c'est à regretter : chaque nation devrait avoir son Paul de Kock, c'est-à-dire son peintre de réalités amusantes et bourgeoises. Je comprends parfaitement l'admiration des Anglais — peuple sagement curieux — pour l'auteur de *Mon voisin Raymond*.

Aujourd'hui, je ne veux que raconter une anecdote de jeunesse, où le nom et la personne de cet auteur remarquable se trouvent mêlés.

C'était plusieurs années avant la chute du roi Louis-Philippe, au temps des folies amoureuses du quartier latin. Nous étions une nichée entière installée dans un hôtel de la rue de l'Éperon, faisant de la musique, du droit, de la peinture ; le hasard seul nous avait réunis, et, empressons-nous de le déclarer, jamais l'idée ne nous vint de nous organiser en cénacle. D'ailleurs, il y en avait de fort bêtes parmi nous.

Deux ou trois filles d'Ève, qui n'étaient pas plus laides que d'autres, et à qui nous prêtions une poésie — qu'elles ne nous rendaient pas, — venaient souvent en jouer cette demeure. Une d'elles, qui depuis s'est fait épouser par un restaurateur, me charmait particulièrement par l'ardent éclat de ses yeux noirs, la rébellion constante de ses cheveux épais et la sonorité de son rire. Mon cœur d'opéra-comique palpitait rien qu'à l'entendre, à certaines heures, heurter de son doigt impérieux à la porte de la chambre n° 15. — Hélas ! j'habitais la chambre n° 14.

Cette belle fille, j'ai un peu de honte à le dire, s'appelait d'un mon réprouvé par la grande littérature. Au lieu d'avoir été tenue sur les fonts baptismaux par quelque conteur d'Espagne ou d'Italie, et de s'appeler Rosalinde, Penserosa, Belcolor ou Carmosine, la pauvre enfant, qui n'avait jamais vu de *romantiques* autrement bu'en lithographie noire, se laissait nommer vulgairement Fifine, — comme dans *Sans cravate*, de Paul de Kock.

Fifine! —Ce nom rappelle toute une époque, toute une manière, une humeur évanouie à présent, la gaieté des employés en vacances, Cupidon monté sur un âne dans le bois de Montmorency, des capotes roses, des ombrelles vertes, des brodequins de coutil ; et puis aussi des mansardes invraisemblables, où l'on ne marche en hiver que sur des peaux d'oranges, et où le bonheur croît paisiblement sous l'emblème d'un pois de senteur planté dans une écuelle.

Fifine devait son nom au caprice de quelques-uns d'entre nous, partisans fanatiques des belles-lettres égrillardes et lecteurs des romans édités par Barba. Nous avions pris un abonnement collectif chez madame Cardinal, la célèbre libraire de la rue des Canettes ; c'était Fifine qui était chargée de nous apporter chaque soir les romans dont nous avions dressé la liste en conseil suprême. —Après quinze ans, je retrouve une de ces listes, expression curieuse et fidèle de nos tendances littéraires ; je la donne sans y changer une syllabe. On sait que les statuts des cabinets de lecture interdisent d'emporter plus de deux ouvrages à la fois.

« Demander *André le Savoyard*, par Paul de Kock ; *Gustave ou le Mauvais Sujet*, par le même.

» Au cas où ces ouvrages seraient en lecture, demander :

» *Sœur Anne*, par Paul de Kock ;

» Ou l'*Enfant de ma femme*, par le même ;

10.

» Ou la *Laitière de Montfermeil*, par le même ;

» Enfin, en désespoir de cause :

» Les *Amours du chevalier de Faublas*, par Louvet ;

» Le *Compère Mathieu*, par Du Laurens ;

» Les poésies de Mollevault, de l'Académie française ;

» *Cyprien ou le Petit Fumiste de neuf ans*, par madame Ulliac-Trémadeure. »

On devine aisément que Fifine s'arrangeait toujours de manière à nous apporter du Paul de Kock — quand même. Nous lui sautions au cou pour sa peine ; et celui de nos camarades dont l'organe rappelait le mieux M. Mennechet, ancien lecteur ordinaire de S. M. Charles X, s'empressait immédiatement de nous initier aux délices du roman nouveau. Cette littérature toute pacifique n'amena jamais chez nous les collisions funestes qui ensanglantèrent les premiers âges du romantisme. Nous nous amusions comme de simples marmitons, laissant à de plus dignes le soin de décider entre la comédie et le drame, entre l'hémistiche brisé et l'alexandrin à la Dombasle.

Ce qui devait arriver arriva pourtant. Un jour, nous nous trouvâmes au bout de la collection complète des œuvres de notre romancier. Grande fut la désolation. Comment allions-nous pouvoir vivre maintenant ? A quel autre écrivain fallait-il avoir recours ? Pendant trois ou quatre mois environ, nous flottâmes de Ricard à Raban, et de Raban à Maximilien Perrin ; mais ce n'étaient là que des équivalents bien faibles. Ricard nous faisait rire, et c'était tout ; Raban nous paraissait grossier ; Maximilien Perrin nous ennuyait. Nous essayâmes du baron de Lamothe-Langon, dont les titres nous alléchaient, et qui avait conquis une sorte de réputation dans les classes intermédiaires ; mais nous ne pûmes finir le *Ventru*, et nous n'allâmes pas au delà du premier volume de *Monsieur le Préfet*. Le compilateur Touchard-Lafosse nous rebuta, et nous nous lassâmes de Victor Ducange. Après avoir de la sorte parcouru la série des illustrations de cabinet de lecture, nous retombâmes dans notre perplexité et conclûmes désespérément qu'il n'y avait rien en deçà ni au delà de Paul de Kock, et que *la Femme, le Mari et l'Amant* représentaient les colonnes d'Hercule de la littérature au XIX° siècle.

Nous nous rappelions surtout ce passage inimitable, où l'auteur, se substituant à ses personnages, nous communique en ces termes ses ingénieuses et piquantes réflexions : « Je suis au spectacle... j'aime beaucoup le spectacle... surtout quand on y joue de bonnes pièces et que je suis bien placé. On n'est pas encore près de commencer... On est si long dans ces théâtres de boulevard ! En attendant, et pour nous occuper, examinons un peu mes voisins. C'est une distraction très-agréable quelquefois. Ah ! j'ai à ma gauche une fort jolie femme... j'aime beaucoup les jolies femmes... Mais un gros homme à lunettes se penche à chaque instant vers elle et lui parle d'un air qui me déplaît... Je n'aime pas les gros hommes à lunettes... Celui-là surtout m'agace les nerfs... je ne sais trop pourquoi... Que l'homme est souvent bizarre dans ses antipathies !... Continuons mon examen... »

Que dire après cela ? Où trouver narration plus intéressante, style plus précis ? Fifine principalement était inconsolable, et, dans sa douleur, elle ne parlait rien moins que de nous apporter le *Solitaire*.

Cette année-là justement, le hasard ou la fatalité voulut que Paul de Kock ne produisît rien, rien du tout. Le dieu s'était retiré dans un nuage. Après avoir patienté autant qu'il nous fut possible, nous prîmes enfin une décision sérieuse : nous résolûmes de nous rendre en solennelle ambassade auprès de lui, à cette fin de le conjurer de reprendre la plume ; — et nous fixâmes pour cette expédition le dimanche suivant.

Ce jour-là, le soleil avait fait sortir tous les Parisiens de leurs maisons ; une foule joyeuse se portait vers la barrière ; *le commis à quinze cents francs d'appointements donnait le bras à la petite ouvrière ;* le marchand de la rue aux Ours marchait gravement, escorté de sa femme, *une grosse dondon encore appétissante*, et de sa fille, une grande innocente qui n'osait lever les yeux. Tous ces gens-là se promettaient un plaisir infini, et dans le fond ils n'avaient pas tort, car *quoi de plus doux en effet que les plaisirs de la campagne* (style du maître) ?

Notre petite colonie, composée de sept personnes, s'était mise en route avant midi. Fifine ouvrait la marche, enveloppée avec ostentation dans un de ces longs châles, imitation de cachemire, inventés pour le triomphe de la ligne serpentine. Elle avait un bonnet à rubans lilas, — le dernier bonnet de grisette ! — et des souliers de *satin turc* comme on n'en porte plus. Dodolphe l'accompagnait ; car partout où il y a une Fifine il faut un Dodolphe, c'est de rigueur.

Venaient ensuite la *blonde et sentimentale* Estelle, belle enfant de vingt-huit ans, coiffée en tire-bouchons, avec le *petit musicien* Anatole, dont elle avait fait connaissance au bal de Sceaux, où il jouait de la clarinette ; — puis Nini et *son bon ami* Robinet, que l'on avait chargé de quelques provisions, afin qu'il ressemblât tout à fait à M. Bidault, facétieux personnage des premiers chapitres de *M. Dupont ou la Jeune Fille et sa Bonne.*

Nous arrivâmes ainsi au boulevard Saint-Martin, où demeurait M. Paul de Kock. Après avoir pendant quelques minutes contemplé sa maison avec sensibilité, nous nous décidâmes à en franchir le seuil. Il fut arrêté que je porterais la parole au concierge en l'appelant *monsieur,* — et non *père chose,* ainsi que l'eût souhaité Fifine pour plus de couleur.

— M. de Kock ? demandai-je, après avoir salué révérencieusement.

— Lequel ? répliqua le concierge.

Je me retournai plein d'ébahissement vers mes camarades, et je remarquai sur leurs visages une surprise égale à la mienne.

Cependant ce concierge, croyant que je n'avais pas entendu, répéta en haussant d'une note :

— Lequel? le père ou le fils?

— LE SEUL ! s'écria Fifine, avec une pose et un accent superbes.

Le portier fasciné eut l'air de comprendre, et nous indiqua l'escalier.

Trente marches après, nous nous rangions sur le palier, et deux minutes ensuite nous étions face à face avec le grand homme.

Il était vêtu d'une robe de chambre brune à ramages chocolat, comme les dentistes, et sa tête était ornée d'un bonnet grec. Notre démarche parut le flatter infiniment, et en reconnaissance il nous montra sur son bureau les épreuves de *Ce Monsieur!* qui allait paraître. Nous nous jetâmes dessus avec un enthousiasme — qui amena un éclair d'orgueil dans sa prunelle.

Ce premier moment écoulé, j'invitai, au nom de mes camarades, M. Paul de Kock à un simulacre de banquet chez Passoir. Après s'être défendu avec beaucoup de grâce, M. Paul de Kock finit par accepter. — Les vitres de son appartement résonnèrent au bruit prolongé de nos joyeux hourras.

J'avais été chargé de l'ordonnance et des dispositions de cette fête, et j'avais cru ne pouvoir faire mieux que d'en calquer le dessin sur les principaux romans de M. Paul de Kock lui-même. Tous les chapitres où l'on mange, où l'on folâtre, avaient donc été compulsés par moi avec un soin remarquable, et j'en avais extrait les éléments d'un programme qui, à mon sens, devait tout à fait chatouiller son amour-propre d'auteur.

M. Paul de Kock ne nous avait demandé qu'un quart d'heure pour changer de toilette. Il revint avec un pantalon blanc et un habit vert russe. Ce fut le signal du départ.

Arrivés chez Passoir, nous nous installâmes sous un berceau, dont les branches entrelacées *formaient un dôme impénétrable aux feux du jour*. M. Paul de Kock occupait le haut bout de la table, ayant Fifine à sa droite et Dodolphe à sa gauche.

— Voilà un des plus beaux jours de ma vie ! murmura-t-il.

Mais, lorsqu'il s'agit de vider la première rasade :

— Qu'est-ce que c'est que cela? demanda-t-il en portant le verre à ses lèvres.

— C'est du coco, répondis-je.

— Comme dans *Jean*, dit Fifine.

— Comme dans *Frère Jacques*, dit Anatole.

— Ah! très-bien !... dit M. Paul de Kock en faisant la grimace... une flatterie ! je comprends... je comprends... Mais j'aime mieux le vin rouge.

Je fus un peu désappointé; néanmoins mon programme gardait d'autres merveilles en réserve. Je comptais surtout sur une salade, plaisamment saupoudrée de chenilles, comme dans *Monsieur Dupont*, au chapitre intitulé : *Un dîner dans le bois de Romainville;* mais cette seconde allusion eut encore moins de succès que la première. La macédoine d'insectes alla rejoindre le coco.

Malgré cela, le dîner fut excessivement joyeux, et le vin de Beaune n'attendit pas longtemps pour venir mettre le feu à nos cerveaux, transformés en rosaces d'artifices. Je devins pyrotechnique comme Méry de Marseille : je fis tournoyer l'artichaut scintillant de ma pensée, — et Dodolphe lança quelques bombes paradoxales qui retombèrent en pluie de calembours !

Dans notre commune ferveur, nous nous étions débaptisés tous, pour emprunter les noms favoris des héros de M. Paul de Kock : Bribri, Troutrou, Mistigri, Pétard, Rocambolle, Verluisant. Cet hommage délicat le toucha aux larmes.

Jusqu'au dessert, il se laissa doucement aller à ces jeux de l'esprit, répondant et mangeant, souriant à tous, à l'aise dans sa gloire comme le poisson dans l'eau ; tandis que Fifine, cédant à un besoin de familiarité excessive, lui frappait sur l'épaule en l'appelant : — Farceur !

La blonde Estelle, plus sentimentale que jamais, tournait les yeux vers lui, et répétait deux de ses vers, remarquables de limpidité philosophique :

> Oui, pour un cœur enclin à la mélancolie,
> Ce site romanesque est plein de poésie[1].

---

[1] *Contes en vers* de Ch. Paul de Kock.

Ce fut ce moment d'expansion unanime que je choisis pour donner suite à mon programme et pour procéder au *couronnement* de l'illustre auteur. Le myrte et la rose s'unirent sur son front égayé ; ce fut Fifine qui s'érigea en Clairon de cet autre Voltaire. J'avais composé le matin un hymnicule sur l'air célèbre : *O Fontenay!*

L'attendrissement qui suivit ces stances ne peut se décrire qu'avec peine. Dans les brusques mouvements de son exaltation, Dodolphe renversa un plat d'épinards au sucre sur le pantalon blanc de M. Paul de Kock.

— Comme dans *Zizine!*

— Comme dans *Madeleine!*

— Comme dans *Georgette, ou la Nièce du tabellion!*

Force fut à M. Paul de Kock de se consoler de cet accident — avec des citations. Il s'essuya de son mieux et fit bonne contenance. D'ailleurs, le dîner était arrivé à cette période où l'indulgence est chose facile. Cependant, craignant d'être entraîné trop loin par l'imitation complète de ses œuvres, il refusa avec énergie de nous suivre au jeu de la balançoire.

— Quel dommage ! dit Estelle, c'eût été comme dans *Un jeune homme charmant!*

— Ou comme dans *Ni jamais ni toujours!*

— Alors, il faut faire des crêpes! s'écria Fifine en frappant ses mains l'une contre l'autre.

— Oh! oh! dit M. Paul de Kock, des crêpes... dans un jardin!

— Nous demanderons un cabinet.

Décidément, le jovial écrivain portait la peine de ses propres ouvrages. Après avoir savouré la popularité dans ce qu'elle a de plus doux, il voyait poindre déjà les inconvénients du fanatisme. Trop de beaune gâte tout ! A force de faire sauter des crêpes dans la poêle, M. Paul de Kock sentit subitement se déchirer son pantalon, — épisode qui détermina parmi nous une bruyante explosion d'hilarité :

— Comme dans *Un bon enfant !*

— Comme dans l'*Homme aux trois culottes !*

— Comme dans la *Jolie Fille du faubourg !*

— Comme dans le *Tourlourou !*

Ici, tout le catalogue de ses romans fut égrené et défila. En effet, il n'est pas un seul volume de M. Paul de Kock où le héros n'ait un pantalon *craqué* sous lui.

De ce moment notre joie ne connut plus de bornes, et nous entrâmes dans la série des extravagances toutes françaises. Fifine, s'acharnant après le fameux auteur, l'appelait *Plume de Coq* et *Poule de Coq*. Féroce d'admiration, Anatole lui déroba un pan de son habit vert russe, en manière de relique...

Il était nuit close lorsque nous le reconduisîmes chez lui, en triomphe. Dodolphe voulait absolument bassiner son lit, — comme Férulus dans la *Maison blanche ;* et Fifine proposait d'attacher au cordon de sa sonnette le chat du concierge — comme dans l'*Homme de la nature et l'Homme policé.*

XIV

COMME QUOI L'HOMME DE LETTRES BOURGOIN

RENONÇA DÉFINITIVEMENT A ÉCRIRE DES CHEFS-D'ŒUVRE

I

Il se dit un jour : — Ah bah !

Et cependant ce jour-là, il s'était levé plein de bonnes résolutions, ni trop tôt ni trop tard ; le soleil avait fait le premier pas, il avait fait le second ; tous les deux s'étaient rencontrés dans l'eau étincelante d'un lavabo. Puis, le front rafraîchi, l'œil égayé, la lèvre saine, il avait traîné sa table auprès de la fenêtre ; il avait apprêté sur cette table une certaine quantité de feuilles de papier, larges et blanches à ravir ; il avait placé à côté de ces feuilles de papier cinq ou six plumes d'oie, d'une belle couleur d'ambre et taillées à point. Le tout était dominé par une curieuse écritoire en faïence coloriée, monumentale comme une bastille.

D'engageants préparatifs, comme vous voyez.

Et puis, l'homme de lettres Bourgoin s'était assis.

Et, insensiblement, il avait penché sa tête sur le papier ; insensiblement aussi, il avait commencé à tracer quelques caractères d'une écriture calme comme son âme, régulière comme sa conscience. — Mais, au bout d'un quart d'heure environ, son front s'était plissé, son regard était devenu inquiet, et s'interrompant tout à coup dans son travail, il s'était écrié comme l'homme à la sonate, comme Fontenelle : « Chef-d'œuvre, que me veux-tu ? »

II

« Chef-d'œuvre, que me veux-tu ? — répéta doulou-
» reusement l'homme de lettres Bourgoin ; pourquoi
» me solliciter encore ? pourquoi, chaque matin, reve-
» nir me tirer par un pan de ma robe de chambre ? —
» Je t'ai déjà dit que j'entendais n'avoir rien de com-
» mun avec toi ; cesse de me tourmenter ; laisse-moi
» tranquille, une fois pour toutes.

» Un chef-d'œuvre, à quoi bon ? N'avons-nous pas
» assez de chefs-d'œuvre comme cela ? Est-ce donc une
» denrée qui manque ? J'en aperçois de tous les
» côtés, des plus radieux et des plus estimables ; le
» XIXe siècle, pour sa part, en a une provision
» énorme : vienne la mauvaise saison, viennent la sé-

» cheresse, la famine et le réalisme, — ses greniers
» sont remplis. Mettons-y un peu de discrétion, que
» diable !

» J'ai mille raisons pour ne pas écrire de chefs-d'œu-
» vre. Ma santé d'abord ; c'est quelque chose, cela. Le
» chef-d'œuvre est particulièrement nuisible à l'esto-
» mac ; il est la source des plus effroyables désordres ;
» — il étreint les tempes, il suspend la respiration, il
» enflamme le sang et le fait affluer au cœur. Par lui,
» l'œil se cave et le regard devient fixe. Trop heureux
» s'il ne vous courbe pas avant l'âge ou s'il ne vous
» brise pas du premier coup !

» Si encore mon siècle n'exigeait de moi qu'un chef-
» d'œuvre — un seul ! — je pourrais peut-être me dé-
» cider à le faire. Autrefois, le chef-d'œuvre était un
» des pseudonymes de la paresse : on avait fait un
» chef-d'œuvre, et tout était dit ; on se reposait. Mais,
» aujourd'hui, les coutumes sont bien changées, et le
» chef-d'œuvre appelle le chef-d'œuvre. Que je m'ar-
» rête en route, tout le monde me harcellera et se met-
» tra en travers de mon loisir. — Que fait-il mainte-
» nant ? se demandera-t-on. — Rien, se répondra-t-on.
» Et l'on se croira le droit de s'étonner, de s'indigner
» même. Les plus bienveillants, me voyant survivre à
» mon chef-d'œuvre, me traiteront de vieille bête.

» Le chef-d'œuvre me gênerait pour marcher, pour
» m'habiller, pour saluer, pour m'asseoir, pour jouer
» aux dominos. Un bourgeois ne s'imaginera jamais

» combien c'est fatigant d'avoir toujours devant soi le
» spectre de la postérité. Je ne m'appartiendrais plus,
» j'appartiendrais à mon chef-d'œuvre. Il serait mon
» censeur, mon tyran. Il me brouillerait avec tous mes
» amis ; il me fermerait toutes les issues, et empêche-
» rait tous mes projets de fortune. Dès que j'aurais
» écrit un chef-d'œuvre, on ne me croirait plus bon à
» rien ; on me montrerait au doigt, en disant : — Oh !
» celui-là a su faire son chemin, celui-là s'est créé une
» position.

     » Le chef-d'œuvre, une position !

     » Mais le chef-d'œuvre, au contraire, c'est le clairon
» sonore et déchirant qui va réveiller les créanciers en-
» dormis au fond de leurs registres ! Le chef-d'œuvre
» est la fanfare imprudente de la pauvreté ! »

III

Ici, l'homme de lettres Bourgoin arrêta les flots de
son éloquence.

Il avait cru entendre un léger soupir. Il se leva et il
alla, sur la pointe du pied, écarter l'épais rideau d'une
alcôve où dormait une jeune et belle femme, la tête
abandonnée sur un bras éblouissant, — lèvres entr'ou-
vertes, cheveux déroulés.

L'homme de lettres Bourgoin la contempla pendant
quelques minutes.

« Non, je n'écrirai pas de chef-d'œuvre, continua-
» t-il en laissant retomber le rideau avec précaution.

» Le chef-d'œuvre est jaloux et exclusif; il n'admet
» la femme que comme un sujet d'étude; il m'empê-
» cherait d'adorer cette enfant si charmante et si per-
» verse; — ou, s'il me permettait de l'adorer en l'étu-
» diant, il me rendrait malheureux comme Molière ou
» cruel comme Gœthe.

» Je renonce au génie, c'est convenu. Remportez le
» laurier, je ne suis pas encore chauve comme César;
» rentrez la pourpre au vestiaire, je ne veux pas mon-
» ter au Capitole : — voilà un point bien arrêté. — Je
» renonce également aux statues, statuettes et bustes
» qui sont la conséquence du chef-d'œuvre; il ne me
» plaît pas qu'on voie dans cent ans ma tête en marbre
» dans le vestibule d'un musée ou au bas de l'escalier
» d'une bibliothèque.

» Mon Parnasse à moi — pour peu qu'on tienne à le
» connaître — est situé au delà de la barrière Montpar-
» nasse; il s'appelle le coteau de Meudon. Il est fleuri,
» il est touffu, il brille. C'est là que j'entraîne ma Muse
» et que nous roulons tous deux dans la saison des rai-
» sins...

» Ma Muse n'est pas bégueule, comme vous voyez;
» mais je n'ai garde de lui faire un chef-d'œuvre, —
» car il faudrait ensuite l'épouser.

» A bas le chef-d'œuvre ! »

Ayant dit, l'homme de lettres Bourgoin repoussa sa table dans l'ombre ; — puis il prit son chapeau, sortit et s'en alla écrire un article de petit journal sur le coin d'une table d'imprimerie.

XV

LES CONCERTS DE PARIS

A M. H. B..., NATURALISTE

Laissez-moi, mon cher ami, vous dédier cette petite étude, dont la frivolité n'est qu'apparente et qui se rattache indirectement à vos travaux. Un matin de cet été, vous me montriez dans les champs mille réseaux diamantés, au centre desquels se tenaient, bigarrées et agiles, de gracieuses araignées épiant les mouches. Mes araignées, à moi, n'habitent pas les champs, ou, du moins, elles les ont quittés pour venir suspendre leurs toiles, encore plus brillantes, au plafond d'or des salles de bal et des salles de concert. Charmantes et dangereuses, vous les reconnaîtrez facilement à leur prestesse, à leurs ruses, à leur persévérance — et à leur cruauté! L'espèce dont il est question ici portait hier le nom de *musardines;* comment les appellera-t-on demain? Voulez-vous être leur parrain, mon ami? Dans ce cas, ouvrez vos livres de science et votre drageoir, et songez que votre réponse est attendue avec impatience de Paris tout entier.

Une chambre de la rue Pigale, au deuxième étage au-dessus de l'entresol. Deux jeunes femmes, Olympe et Anna, s'habillent pour sortir. Il est neuf heures du soir.

OLYMPE. — As-tu fini?

ANNA. — Quoi?

OLYMPE. — Eh bien! de t'allonger les yeux.

ANNA, *au miroir.* — Je ne m'allonge pas les yeux, je me fais un signe.

OLYMPE. — Dépêche-toi donc.

ANNA, *se retournant.* — C'est fait. Tiens! tu as changé les brides de ton chapeau? Je n'aime pas beaucoup cette couleur-là. C'est cerise.

OLYMPE. — Non, c'est ponceau. Pleut-il?

ANNA. — Du tout. (*Elle se gante.*)

OLYMPE. — Tant pis! j'ai eu tort de mettre des bottines neuves; j'aurais dû les garder pour la prochaine averse.

ANNA. — Mon gant déchiré! Cristi! cristi! (*Elle frappe du pied.*)

OLYMPE. — Pourquoi les prends-tu à quarante sous? Il faut mettre trois francs cinquante pour avoir quelque chose de bon.

ANNA. — Ta boîte à ouvrage, où est-elle?

OLYMPE. — Sur le guéridon. Moi, je suis prête. Le régisseur peut frapper les trois coups. Une! deux! trois! Oh! être actrice! — A propos...

ANNA. — Ta soie casse.

OLYMPE. — Vois-tu toujours Alphonse?

ANNA. — Alphonse? — La, ça ira comme cela ce soir; c'est assez bon pour une reprise. — C'est toute une histoire, ma chatte. D'abord, Alphonse est mort.

OLYMPE. — Pas possible!

ANNA. — Aussi vrai que je mets ce gant. Il paraît qu'il jouait à la Bourse et qu'il a perdu tout ce qu'il avait, et même...

OLYMPE. — Oui.

ANNA. — Alors, il s'est coupé la gorge, après avoir laissé un petit papier écrit sur sa table. J'ai encore son cache-nez ici.

OLYMPE. — Il était bien drôle, tout de même.

ANNA. — Tu trouves? Je ne lui voyais rien de si étonnant. Toujours des calembours!... Et puis comme il s'habillait!

OLYMPE. — Oh! pour cela, c'est vrai. Des cravates vertes, des chapeaux hérissés! — Nous partons?

ANNA. — Partons. Le petit chien?...

OLYMPE. — Je l'ai enfermé dans le cabinet de toilette.

A l'hôtel des Concerts de Paris, rue Basse-du-Rempart. La foule commence à arriver. De chaque coupé noir jaillissent, comme d'une boîte à surprise, deux ou trois femmes qui, à peine sur le trottoir, développent autour d'elles des mondes de jupons. Elles entrent par douzaines, par vingtaines, et gravissent l'escalier à double rampe qui mène aux salons. Là, elles se répandent et s'éparpillent, bruyantes, exagérées de couleurs et d'odeurs. On les suit, on se retourne; les unes rient à belles dents; quelques autres affectent l'indifférence et même la fierté. Olympe et Anna paraissent.

ANNA. — Je t'assure que c'est lui; je l'ai bien reconnu.

OLYMPE. — Ce petit avec qui nous venons de nous croiser à la porte et qui ne nous a pas fait ses excuses?

ANNA. — Oui.

OLYMPE. — T'a-t-il vue?

ANNA. — Je ne sais pas; ma voilette était baissée. Cela m'a fait quelque chose...

OLYMPE. — Il va t'accoster tout à l'heure.

ANNA. — Oh! non. Je l'ai si mal quitté, il y a trois ans.

OLYMPE. — Raison de plus.

JOSÉPHINE, *grande et brune*. — Bonsoir, mes deux biches. Vous ne savez pas; je reviens des bains de mer. Quatre toilettes par jour! J'ai eu bien des *aria* avec la douane à cause de mes malles, allez. C'est égal, je ne comprends pas comment on peut rester à Paris dans la belle saison. Qu'est-ce que vous avez fait, vous autres? qu'y a-t-il de nouveau? Je suis entrée ici par hasard; si Raoul le savait, ce seraient des scènes...

ANNA. — C'est avec Raoul que tu as été aux eaux?

JOSÉPHINE. — Non, avec Édouard. Il m'a présentée au prince de je ne sais plus quoi, un vieux qui ne parle pas deux mots de parisien, et qui m'a passé au doigt, le premier jour, cette bague en brillants. Voyez.

OLYMPE. — Oui, c'est gentil.

JOSÉPHINE. — Merci! gentil? On t'en donnera, du gentil comme cela, ma belle biche. Va voir si cela se ramasse au Château des Fleurs.

OLYMPE, *piquée*. — ! mon Dieu! cela ne vaut*s* pas pourtant les diamants de Nelly.

JOSÉPHINE. — Tu crois, ma pervenche? Cela ne vaut peut-être pas mieux non plus que ta broche?

Je vois avec plaisir que tu t'y connais. Ce que c'est que l'habitude de porter ces bibelots, pourtant! Si j'étais toi, je demanderais une place de vérificateur à la Monnaie. Adieu, mes anges. Bonjour à Nelly. (*Elle s'éloigne.*)

Sur la terrasse. Madeleine et Rachel, les deux sœurs. Elles sortent du fumoir.

ANNA. — Que cette femme est commune !

MADELEINE. — Un mobilier de soixante mille francs? à elle?

RACHEL. — C'est Berthe qui me l'a dit.

MADELEINE. — Et tu donnes là-dedans? Allons donc ! les Lanciers !

RACHEL. — Elle vient ici tous les soirs avec sa bonne.

MADELEINE. — Un joli genre! Pourquoi n'amène-t-elle pas aussi son porteur d'eau et son charbonnier ?

Dans les salons de jeux. On entoure un jeune homme qui s'apprête à lancer la toupie hollandaise; une femme aux anglaises blondes lui heurte le bras, par mégarde ou avec intention?

LE JOUEUR, *se retournant.* — Madame, si je perds, cela aura été un peu de votre faute...

LA DAME AUX ANGLAISES. — Oh! mille pardons, monsieur; c'est mon amie qui m'a poussée.

LE JOUEUR. —... Et, dans ce cas, c'est à vous que je demanderai une revanche.

LA DAME AUX ANGLAISES. — Vous serez dans votre droit, monsieur.

L'AMIE, *bas*. — Eh bien, tu as de l'aplomb, ma chère.

LA DAME AUX ANGLAISES, *de même*. —Tais-toi donc, et vois le beau linge!

LE JOUEUR. — Madame, j'ai perdu.

LA DAME AUX ANGLAISES. — Il fait bien chaud dans ce petit salon...

LE JOUEUR, *offrant son bras*. — Voulez-vous que nous nous promenions? (*En sortant, ils rencontrent un monsieur en gilet de velours qui se met à rire.*)

LE MONSIEUR EN GILET DE VELOURS. — Tiens! Xavier qui vient d'être levé par Henriette!

Dans le salon du billard chinois. Une brune de dix-huit ans, Clotilde, se penche sur l'étalage des lots.

CLOTILDE, *très-haut et regardant de tous côtés*. — Oh! comme ces deux porcelaines feraient bien sur mon étagère!

UN ANGLAIS, *s'approchant*. — Yes.

CLOTILDE, *souriant.* — C'est du Japon, n'est-ce pas, monsieur?

L'ANGLAIS. — No.

CLOTILDE. — J'aurais cru...

LE MARCHAND, *atteniif à ce colloque.* — Regardez, madame; c'est un très-joli travail, pas commun du tout; vous pouvez examiner. (*Il lui met les deux porcelaines dans la main.*)

CLOTILDE, *les passant à l'Anglais.* — Voyez donc, en effet, milord.

L'ANGLAIS. — Yes; ce être vilain.

CLOTILDE. — Mais non, il y a des moutons dessus. (*Au marchand.*) Combien vendez-vous cela?

L'ANGLAIS. — Inioutile.

LE MARCHAND. — Dix francs les deux; vous ne trouverez pas les pareils dans tout Paris.

L'ANGLAIS. — Oh! (*Il replace les porcelaines à l'étalage, comme si elles lui brûlaient les mains.*)

LE MARCHAND. — Allons, pour vous, ce sera huit cinquante.

L'ANGLAIS. — No.

CLOTILDE, *au marchand.* — Enveloppez-les-moi. (*Elle tire son porte-monnaie et cherche à l'ouvrir; mais les fermoirs résistent.*) Aidez-moi, milord, je vous prie...

L'ANGLAIS. — Oh! je ne saouffrirai pas. Je payerai

la petite bêtise pour l'étagère de vô. (*Au marchand.*) Tenez.

LE MARCHAND. — C'est encore trois francs cinquante, monsieur.

L'ANGLAIS, *avec un soupir.* — Yes.

CLOTILDE. — Vous êtes un galant, milord...

L'ANGLAIS. — Yes.

CLOTILDE. — Et je ne sais vraiment comment vous remercier. (*Elle prend le bras de l'Anglais.*)

L'ANGLAIS. — Moa, je savais bien... Dites, à quelle... étagère... demeurez-vô? (*Ils s'éloignent.*)

Dans le salon du tourniquet. Toujours la même scène, à quelques variantes près. — Pauline fait un signe à madame de Frédéric, et l'emmène à part.

MADAME DE FRÉDÉRIC. — Qu'est-ce que tu me veux, ma belle frisée?

PAULINE. — Êtes-vous toujours rue de Calais?

MADAME DE FRÉDÉRIC. — Oui, bichon, à côté des bains. Pourquoi?

PAULINE. — C'est que j'irai chez vous demain, à deux heures, pour vous demander de me prêter votre manteau.

MADAME DE FRÉDÉRIC. — Pas à deux heures, mon chat; à une ou à trois.

PAULINE. — Eh bien, à trois heures; cela me va encore mieux.

MADAME DE FRÉDÉRIC. — Tu en auras bien soin, mon toutou? Tu sais qu'il est tout neuf; je ne l'ai mis que deux fois.

PAULINE. — Soyez tranquille; je ménage les effets.

MADAME DE FRÉDÉRIC, *clignant de l'œil.* — Il y a donc quelque chose sous jeu?

PAULINE. — Oui; je vous conterai cela. A demain!

MADAME DE FRÉDÉRIC. — A demain, bébelle.

Deux hommes gros et colorés se rencontrent face à face avec Marie et Blanche.

PREMIER HOMME GROS ET COLORÉ. — Bon...jour, Blanchon, Blan...chette!

BLANCHE, *riant.* — Dis donc, Jules, tu as bien dîné?

MARIE. — Il est roide comme la justice.

JULES. — Bien dî...né? Je crois bien! C'est Godivard qui payait. Tu ne connais pas Godivard, l'associé de mon asso...cié? Godivard... le voilà (*Il désigne son ami.*) le voilà! le voilà! le voilà!

GODIVARD. — Hé! hé! hé!

JULES. — Il m'a conduit au *Moulin rouge...* avec

des cocottes... qui nous ont... plantés là, comme...

GODIVARD. — Au dessert.

JULES. — Oui, au dessert. Parce que Godivard, vois-tu, Blanchon, c'est un homme très-bien ; mais, quand il a bu son cornet de champagne... flûte ! Du reste, il a bien fait les choses. Je m'y connais ; j'ai voyagé pour les soieries de Lyon, et...

MARIE, *à Blanche*. — Viens-t'en.

JULES, *les arrêtant*. — Laissez-moi vous présenter Godivard, de l'Ain, inventeur d'un métier pour... Il m'a raconté cela à table. Godivard ! salue, et montre ton vaccin.

GODIVARD. — Hé ! hé ! hé !

MARIE. — Passez votre chemin, manants ! (*Elles se sauvent.*)

Dans la salle des concerts. L'orchestre s'apprête à exécuter l'ouverture de l'ÉTOILE DU NORD. On s'asseoit ; le silence se fait peu à peu.

M. ARBAN. — Y êtes-vous, Lamoury ?

M. LAMOURY. — Attendez.

M. ARBAN. — Et vous, Demersseman, êtes-vous prêt ?

M. DEMERSSEMAN. — Voilà.

M. ARBAN. — Attaquons !

OUVERTURE DE *l'Étoile du Nord*.

Prom! prom! prom! prom! prom! (*L'auditoire dresse l'oreille.*) La hi! la hi! titi! la hi! titi! titi! titi! la hi! (*Les amateurs sourient agréablement en marquant la mesure avec leur tête.*) Frron! frron! frron! bombinpon! (*Les amateurs reprennent leur sérieux. Bombinpon! Tutu, tutu, tutu, tutu, tutu! Lili lilililililililililili! (*Ce sont les fifres de Pierre le Grand.*) Ran plan plan! ran plan plan! ran plan! ran! plan! (*Ce sont les tambours de Pierre le Grand.*) Lala hou! hou lala! hou lala! hou! vou! vou! bahalou! bahalou! bahalou! (*Cette musique large impressionne le public.*) Turututu! hu! hu! hu... Couac! (*M. Arban se retourne sévèrement.*) Dzing! dzing! pan dzing! dzing! pan! frag! rran! bring! trou! (*Explosion.*) Zoum! foum! roum! zoum! zoum! roum! (*Allez! allez donc!*) Frapatagran! vlan! vran! tran! bran! dran! cran! han! (*Quel bruit, grands dieux!*) Drelin din din! drelin din din! din din! Ti! ti! ti! ti! ti! (*Encore les fifres.*) Ran plan plan! plan! (*Encore les tambours.*) La la la blon! la la la, blon! blon! blon! blon! blon!... bbblon!!! (*Tonnerre d'applaudissements.*)

Dans le jardin. Chaises et arbres. De distance en distance, sur des piédestaux, des vases blancs contenant des fleurs en métal, iris et roses, qui lancent des jets de gaz par leurs pistils. Au fond, Anna et Henri sont assis à une table.

HENRI. — Est-ce bien toi, ma chère Anna? Qui m'aurait dit que je te rencontrerais ici?

ANNA. — Il faut bien se rencontrer quelque part.

HENRI. — Certainement; mais, ici, ce n'est pas quelque part.

UN GARÇON. — Qu'est-ce que prendront monsieur et madame?

HENRI. — Ce que vous voudrez. (*A Anna.*) Ce que tu voudras.

ANNA, *au garçon.* — A quoi sont vos glaces aujourd'hui?

LE GARÇON. — Citron, vanille, pistache, café...

ANNA. — Eh bien, vanille et citron.

LE GARÇON. — Et monsieur?

HENRI. — Oui, oui.

LE GARÇON. — Comme madame, alors. (*Il s'absente.*)

ANNA, *à Henri.* — Tu as une jolie chaîne.

HENRI. — Mon Anna, t'est-il du moins quelquefois arrivé de penser à moi?

ANNA. — Mais oui; je parle souvent de toi à Olympe.

HENRI. — Qu'est-ce que c'est qu'Olympe?

ANNA. — Eh bien, mon amie, celle avec qui j'étais tout à l'heure.

HENRI. — Ah! oui... vous avez toutes des amies; c'est une rage.

LE GARÇON, *revenant*. — Les glaces demandées! (*Henri le paye.*)

ANNA. — Oh! le joli porte-monnaie! c'est du cuir de Russie.

HENRI. — Ne pas avoir répondu à mes lettres, quand je te disais de revenir, que je t'attendais, que nous ne parlerions plus de ce qui s'était passé et que j'oubliais tout.

ANNA. — Mais ne me prends donc pas les mains comme cela! c'est ridicule! Vois comme il passe du monde.

Une femme mûre et une jeune fille, madame Ismaël et Laure, circulant.

MADAME ISMAEL. — Vois-tu, ma petite, il faut toujours te méfier de trois sortes d'hommes.

LAURE. — Rien que de trois? Voyons.

MADAME ISMAEL. — D'abord, de ceux qui te diront : « Je fais les vins de Bordeaux. »

LAURE. — Bien.

MADAME ISMAEL. — Ensuite de ceux qui te diront : « Je suis dans les assurances. »

LAURE. — Et puis?

MADAME ISMAEL. — Enfin, de ceux qui te diront : « Je suis artiste. » (*Elles s'éloignent.*)

ANNA, *à Henri.* — Tu as une jolie bague.

HENRI. — Deux lignes de toi m'auraient fait tant de bien, rien que deux lignes! Tu ne sais pas que j'ai failli mourir. J'ai gardé le lit pendant trois mois, et, sans les soins de ma mère...

ANNA. — Tu n'étais pas raisonnable, Henri. Où cela nous aurait-il menés tous les deux? Ta position n'était pas faite. (*Écorchant la glace et portant la cuiller à ses lèvres.*) Oh! que c'est froid!

HENRI. — Es-tu heureuse, au moins? T'aime-t-*il* toujours?...

ANNA. — Oh! ce n'est plus *lui!*

HENRI. — Ah! (*Silence.*)

ANNA. — Écoute donc la jolie valse.

Olympe et Léonie passent, et s'arrêtent.

LÉONIE. — C'est Anna! Avec qui est-elle?

OLYMPE. — Avec son premier amour, je crois. Des fadeurs!

LÉONIE. — Ah bien, moi, il y a bel âge que je ne pense plus à mon premier *béguin!*

OLYMPE. — Rentrons. (*En arrivant au seuil de la salle de concert, Olympe marche sur le pied d'un monsieur.*)

LE MONSIEUR. — Aïe!

OLYMPE. — Qu'est-ce que c'est?

LE MONSIEUR. — Charmante... charmante... on n'est pas plus... ravissante. (*Il la suit en boitant.*)

ANNA, *à Henri*. — Que tu es singulier! Je vis comme tout le monde, parbleu! J'ai un petit amant qui m'adore; c'est le fils d'un chef de bureau. Où y a-t-il du mal à cela? Je ne te comprends pas. Crois-tu que je consentirais à être comme toutes ces femmes?

HENRI. — Non, Anna; mais...

ANNA. — Eh bien, alors, qu'est-ce que tu veux? J'ai de la jeunesse et je m'amuse. Voudrais tu pas que je passe encore mes nuits à piquer des gilets, comme autrefois, à Poitiers?

HENRI. — Autrefois, c'était le bon temps.

ANNA. — Merci, mon chéri. Béranger est mort. A propos, tu sais que c'est après-demain ma fête? J'espère que tu m'enverras un petit souvenir.

HENRI. — Ta fête? Mais tu t'appelles Anna.

ANNA. — Anna-Élisabeth-Louise-Marie-Geneviève.

HENRI. — Très-bien.

Olympe arrive, suivie du monsieur boitant.

OLYMPE, *à Anna*. — Dis donc, Anna, tu sais, tu viens souper avec nous. C'est convenu.

LE MONSIEUR BOITANT. — Charmante... délicieuse...

OLYMPE. — Voici monsieur à qui j'ai écrasé un cor et qui nous invite à la Terrasse. Il est avec un Américain de ses amis.

LE MONSIEUR. — Charmante...

OLYMPE. — Es-tu prête? Il est onze heures, tout le monde s'en va.

ANNA. — Oui. (*Elle se lève.*)

HENRI. — Adieu, Anna.

XV

UNE LOGE D'ACTEUR

Le comédien Lafontaine est un de nos camarades d'enfance. Tout le monde connaît ce talent passionné et brillant, capable à la fois de représenter les Léandre et les Gennaro. Il y avait quelque temps que nous ne lui avions serré la main, lorsque lundi, entre six heures et six heures et demie de l'après-dînée, nous nous entendîmes appeler d'une fenêtre de la petite rue des Filles-Saint-Thomas. C'était Lafontaine; il nous fit signe de monter.

La porte était devant nous : c'était celle qui sert d'entrée aux acteurs du théâtre du Vaudeville. Un escalier abominable, percé à chaque palier d'un corridor long et sombre, nous conduisit à un deuxième étage, au haut duquel Lafontaine nous attendait. Nous n'avons jamais rien compris à la hideur et à la malpropreté traditionnelles des escaliers de théâtre. Par quel singulier esprit de contraste ou de superstition les directeurs se plaisent-ils à entretenir ces léproseries à l'entour des coulisses? Qui n'a passé avec effroi devant l'immonde boyau de l'Ambigu-Comique? Qui ne s'est senti à moitié asphyxié dans l'allée ténébreuse de la Porte-Saint-Martin, entre ces murs humides de salpêtre, où pleure nuit et jour l'œil sanglant d'une lanterne? Tous les égouts du passage des Panoramas dégorgent dans la cour des Variétés, qui sert d'antichambre à la loge du concierge. Et le sous-sol malsain du Gymnase-Dramatique? Et la bouffonne porte à grelot du Palais-Royal?

Lafontaine nous conduisit dans sa loge, qui porte le n° 19. C'est une petite chambre, aussi petite qu'une chambre de bain et tendue de velours ponceau; un divan y tient la place de la baignoire. Une grande psyché, qui masque la moitié de la fenêtre, une armoire, un coffre où notre regard curieux entrevit tout un mardi gras d'étoffes et de paillettes, un guéridon et des fauteuils en bois doré composent l'ameublement. Des nattes sur le carreau. Tout autour de la loge les portraits de George Sand, de madame Ristori del Grillo, de mademoiselle Rachel, de Frédérick Lemaître, de Roger et de Duprez, avec des *hommages* autographes à Lafontaine.

De lui-même, pas un seul portrait, — ce que nous considérâmes comme un acte de bon goût.

Il nous invita à nous asseoir, — et nous causâmes.

LAFONTAINE. — C'est un miracle de vous voir ! Il faut vraiment des cataclysmes pour vous décider à sortir de chez vous... Si vous le voulez bien, nous allons prendre le café ensemble, ici.

NOUS. — Très-volontiers; mais à la condition que vous continuerez à vous habiller.

LAFONTAINE. — J'allais vous en demander la permission. (*Il s'assied sur un tabouret, devant une toilette éclairée par deux lampes.*)

NOUS. — Qu'est-ce qu'on joue ce soir?

LAFONTAINE. — Toujours *Dalila*. Le directeur veut pousser la pièce jusqu'à cent représentations. (*Il passe sur son visage une éponge imbibée de blanc de perle.*)

NOUS. — Ainsi, pendant trois mois, tous les jours, par ces chaleurs foudroyantes de juin, de juillet et d'août, vous aurez fait ce métier écrasant, qui consiste à simuler, plusieurs heures durant, les angoisses, les défaillances, les délires de l'humanité?

LAFONTAINE. — Tous les jours, excepté le dimanche. (*Il essuie le blanc de perle avec une patte de lièvre.*)

NOUS. — Ah! mon pauvre ami! vous devez être sur les dents!

LAFONTAINE. — C'est vrai. (*Il prend un pinceau et le trempe dans de la poussière de pastel.*)

NOUS. — Que de fois il vous arrive de maudire votre profession!

LAFONTAINE. — A un autre que vous je répondrais oui; je me plaindrais et ferais semblant de n'aspirer qu'au bonheur de planter des choux dans un coin de terre ignoré, loin de l'envie et du gaz. Mais je mentirais... Où est donc ma brosse à sourcils?

NOUS. — N'est-ce pas cela?

LAFONTAINE. — Merci. J'aime mon art par-dessus tout, et cela se comprend. Les directeurs ne m'ont presque jamais forcé à apprendre des panades. J'ai toujours joué du George Sand, de l'Émile Augier, du Dumas fils. Ajoutez qu'on me paye bien et que j'ai de la santé.

UNE VOIX, *dans le lointain.* — Julien! rustre! croquant! Arriveras-tu, canaille de Julien?

NOUS. — Qu'est-ce que c'est?

LAFONTAINE. — C'est Félix qui appelle le coiffeur

MADEMOISELLE SAINT-MARC, *entr'ouvrant la porte de la loge.* — Lafontaine, petit Lafontaine, Fonlataine, êtes-vous prêt? Nous descendons. (*Elle disparaît avec un grand murmure de soie.*)

LAFONTAINE. — Dans un instant. (*On apporte du café.*) Posez cela sur le guéridon. (*La cloche du théâtre se fait entendre.*)

M. ROGER, *régisseur*. — Monsieur Lafontaine, on commence.

LA FONTAINE. — Déjà?

M. ROGER. — Nous sommes en retard de douze minutes sur hier.

LAFONTAINE. — Faites-moi le plaisir, mon cher Roger, de venir de temps en temps me dire où l'on en est. (*M. Roger sort.*)

UNE VOIX, *dans le lointain*. — Julien! rufien de Julien! misérable, monteras-tu?

NOUS. — Je vous quitte.

LAFONTAINE. — Pourquoi? Prenons le café tranquillement. Il me semble que j'ai une foule de choses à vous raconter. Que ne m'attendez-vous là? Le premier acte n'est pas long et je ne parais ensuite que dans le troisième. Voilà des cigares. Si vous voulez écrire, il y a ici tout ce qu'il faut.

M. ROGER, *du dehors*. — Monsieur Lafontaine!

LAFONTAINE. — Quoi?

M. ROGER. — *Tu sais bien que je ne songe qu'à ton bonheur...*

LAFONTAINE. — Bien. Je mets mon habit. (*A nous.*) C'est convenu, vous restez, n'est-ce pas ?

NOUS. — Soit. Serai-je dérangé ?

LAFONTAINE. — Du tout ; il n'y a que mon domestique qui entre dans ma loge.

NOUS. — Adolphe ?

LAFONTAINE. — Oui.

M. ROGER, *entrant.* — Comment ! vous n'avez pas votre chapeau ? Mais dépêchez-vous !

LAFONTAINE. — Où en est-on ?

M. ROGER. — *Le jour de ton mariage, ma chère enfant...*

LAFONTAINE. — Diable ! c'est le dernier délai. Il faut que je vous quitte, Monselet.

NOUS. — Faites, faites.

M. ROGER. — Vous mettrez vos gants sur le théâtre.

LAFONTAINE. — Oui. (*Il donne un dernier coup d'œil au miroir.*) Les cigares sont là ; voulez-vous que je dise que l'on vous monte *la Presse ?*

NOUS. — C'est inutile.

M. ROGER. — Allons, monsieur Lafontaine, allons !

Ce M. Roger l'entraîna presque, et nous laissa seul.

Nous procédâmes alors à l'inventaire de la loge avec une curiosité provinciale, lisant les étiquettes de tous les flacons, depuis la *brillantine pour lustrer la barbe*, jusqu'au *blanc Rachel*, qui est, à ce qu'il paraît, le dernier mot du blanc. Un instant nous eûmes l'idée d'essayer sur notre personne quelques-unes de ces compositions *jouvencielles;* mais la crainte d'être surpris nous arrêta dans cette velléité de coquetterie.

Nous regardâmes aussi les cadres de plus près; nous décrochâmes même le portrait de M. Frédérick Lemaître, afin de lire les lignes que l'étrange et puissant comédien y avait tracées de sa main, en marge. Les voici dans toute leur intégrité, et avec leur sincérité enthousiaste : — « A Lafontaine ! témoignage d'amitié et d'estime au véritable artiste, qui veut me faire l'honneur de se dire mon élève ! Son maître !... c'est Dieu !... qui nous fit. Frédérick Lemaitre, *juin* 1856. »

A ce moment, nous vîmes entrer Adolphe.

Adolphe est le valet de chambre de Lafontaine : c'est un garçon intelligent et même rusé, qui est en train de perpétuer la race des domestiques célèbres, à commencer par le Brinon du chevalier de Grammont, pour finir au Baptiste de *la Vie de bohême*. Il est né dans la Brie.

Nous n'avons qu'une crainte pour Adolphe : c'est que l'ambition ne vienne, un jour ou l'autre, lui tourner la tête, et qu'il ne s'avise de quitter la livrée en se croyant appelé à des destinées plus éclatantes. Déjà nous l'avons vu, il y a quelques mois, solliciter auprès de son maître la permission de paraître parfois au fond de la scène du Vaudeville, parmi ces personnages muets que l'on désigne ainsi : « Invités, invitées. » Lafontaine y a consenti.

C'est un malheur.

ADOLPHE. — Comment! c'est vous, monsieur? Il y a longtemps qu'on ne vous a vu à la maison.

NOUS. — C'est vrai, Adolphe.

ADOLPHE. — Est-ce que vous n'allez pas dans la salle ? Le rideau est levé.

NOUS. — Je le sais, Adolphe ; mais je préfère rester ici. J'attends ton maître.

ADOLPHE. — C'est différent. (*On frappe.*) Entrez.

UN GARÇON DE THÉATRE. — Des lettres pour M. Lafontaine.

ADOLPHE. — Bien. (*Le garçon de théâtre sort. Adolphe approche une lampe, s'assied tranquillement et décachète les lettres.*)

NOUS, *surpris.* — Qu'est-ce que tu fais donc là ?

ADOLPHE. — Vous le voyez, je lis le courrier de monsieur. Des demandes de stalles... des invitations. (*Avec humeur.*) Allons, bon ! encore *elle!*

NOUS. — Il t'autorise à dépouiller sa correspondance?

ADOLPHE. —Oui. Il m'a prié de lui rendre ce service, pendant tout le temps qu'on jouerait *Dalila.*

NOUS. — Et dans quel but?

ADOLPHE. — Le rôle est très-fatigant, comme vous savez : c'est un rôle de *sept cents* et qui préoccupe beaucoup monsieur. C'est pourquoi il m'a recommandé de ne lui mettre sous les yeux rien de ce qui pourrait le troubler ou lui donner des idées étrangères à la pièce... Les acteurs, voyez-vous, ce n'est pas comme les auteurs...

NOUS. — Voilà une grande vérité, Adolphe.

ADOLPHE. — Ils ont besoin de plus de ménagements.

NOUS. — Certes !

ADOLPHE. — Depuis trois mois, j'ouvre toutes les lettres qui arrivent à l'adresse de M. Lafontaine, ici ou chez lui. Celles qui sont insignifiantes ou purement agréables, je les lui montre ; les autres, je les garde.

NOUS. — Tu les gardes ?

ADOLPHE. — Pour les lui communiquer quand son congé commencera.

NOUS. — C'est très-bien imaginé ; mais, parmi ces *autres* lettres, il y en a... de toute nature...

ADOLPHE, *froidement*. — De toute nature, oui.

NOUS. — Eh bien, celles qui exigent une réponse immédiate... ?

ADOLPHE. — C'est moi qui réponds.

NOUS. — Toi?

ADOLPHE. — Monsieur m'honore de toute sa confiance, et il sait qu'elle est bien placée.

NOUS. — J'en suis également convaincu ; mais...

ADOLPHE. — Voici, par exemple, une femme qui *nous* écrit régulièrement tous les jours. Naturellement, je fourre ses lettres dans ma poche. Cependant, comme il faut avoir des égards avec tout le monde, même avec les femmes, n'est-ce pas, monsieur ?...

NOUS. — Oui, Adolphe, même avec les femmes !

ADOLPHE. — Je lui ai confectionné une épître que je crois assez bien troussée. Du reste, je ne suis pas fâché de vous la montrer, avant de la mettre à la poste.

NOUS. — Tu l'as sur toi ?

ADOLPHE. — La voici. Vous remarquerez que je me suis servi du papier de l'administration, avec un *en-tête* imprimé, pour donner plus d'autorité à mon langage.

NOUS. — Voyons.

THÉATRE
DU
VAUDEVILLE

—

Cabinet
DE LA DIRECTION

» Paris, 31 août 1858.

» Madame,

» Je n'ai pas pour habitude de répondre aux let

tres d'amour qu'on écrit à mon maître. Cependant, je fais une exception en votre faveur, parce que je crois m'apercevoir, à votre style, que vous aimez pour tout de bon M. Lafontaine. Madame, c'est un grand malheur pour vous. En ma qualité de fidèle domestique, je puis vous faire des révélations que me dicte seul votre intérêt.

» M. Lafontaine est marié en troisièmes noces ; il est père de sept enfants, que ses appointements suffisent à peine à nourrir. En outre, je vous apprendrai confidentiellement qu'en ce qui concerne son moral, il est accablé de rhumatismes, ce qui le fait ressembler, au déballage, à ces statuettes couvertes de fer-blanc, que vous avez sans doute remarquées dans la vitrine des bandagistes-herniaires.

» Avec lesquelles, madame, j'ai l'honneur d'être votre très-humble et très-aimable serviteur,

» ADOLPHE BROUCHICAN,

» Valet de chambre de M. Jean de la Fontaine, premier rôle du théâtre impérial du Vaudeville. »

ADOLPHE. — Eh bien ?

NOUS. — C'est parfaitement rédigé, mais le fond est désolant.

ADOLPHE. — Bah ! si nous les écoutions toutes, le théâtre serait bientôt fermé ! (*Il met un œil de voudre.*)

nous, *avisant une feuille de papier sur la toilette.* — Un bulletin de répétition ?

ADOLPHE. — Oui.

nous, *lisant.* — « Jeudi, 3 septembre. *La Gousse*, à quatre heures, à la Boule noire. » *La Gousse*, c'est sans doute une pièce nouvelle. Drôle de titre !

ADOLPHE, *riant.* — Eh ! non ; c'est le dîner que font ces messieurs au commencement de chaque mois. Ils appellent cela *la Gousse d'ail.*

nous. — Et la Boule noire ?

ADOLPHE. — C'est le nom du restaurant où se donne le dîner, à Montmartre.

UNE VOIX, *dans le lointain.* — Julien ! brute de Julien ! animal ! mouchard ! viens-tu ?

ADOLPHE. — Ah ! l'acte est fini. Voilà M. Félix qui demande son coup de fer. Il est bien gai, M. Félix ; il plaisante toujours.

Nous ne répondîmes pas. Lafontaine venait de rentrer. Adolphe lui présenta un verre de sirop de mûres.

Un peu moins pressé, Lafontaine procéda plus lentement à sa toilette du troisième acte, tout en causant avec nous. Lafontaine est du Midi : on s'en aperçoit à sa verve abondante et facile. Il nous rappela ses débuts en province, auxquels nous avons assisté. Quelle garde-robe étrange était la sienne alors ! quels habits à la française dépenaillés ! quels gilets à franges piteuses! Il a joué M. le duc de Richelieu avec une livrée rouge; il a mis des canons à Buridan, et coiffé le Dorante des *Fausses Confidences* d'un feutre Louis XIII à plume blanche.

Nous n'avons jamais songé à cette première jeunesse de Lafontaine sans revoir aussitôt la figure de Destin, du *Roman comique* : c'était la même distinction dans la même pauvreté, la même égalité d'humeur, avec des bouffées de poésie qui faisaient légers et rapides ses dix-huit ans! « Entrez, entrez, monsieur de Bassompierre; nous sommes tous ici de bons *zigues!* » comme dit l'épique Pélissier dans un vaudeville historique des Funambules.

Lafontaine, qui a trente et un ans à peine, s'est produit sur un nombre considérable de scènes, sans compter les granges. En 1848 ou 1849, il était à la Porte-Saint-Martin; qui s'en souvient? Il jouait dans un drame en vers dont on ne se souvient pas davantage, un drame de M. Jules Barbier, où André Chénier avait un rôle. André Chénier, c'était Lafontaine. On ne savait d'où il sortait, ni même ce qu'il disait, car il avait encore de l'*assent*. Il venait de la Rochelle, de Libourne, de Grenelle, des pays les plus extravagants. Un jour, pris d'un saint enthousiasme pour ce Frédérick Lemaître qui l'appelle son enfant aujourd'hui, il osa l'aborder dans les coulisses et solliciter humblement quelques conseils : « Allez au diable! lui cria Frédérick avec cette voix emphatique et ces gestes de

moulin à vent inspiré qui ne sont qu'à lui; qu'est-c
qui m'a flanqué un pareil jocrisse? Voulez-vous bie
filer! et plus vite que cela! »

Une demi-heure d'évocations se passa de la sorte
Nos fantômes entraient et sortaient sur une ritournell
d'éclats de rire. La cloche du théâtre avertit Lafontain
que le rideau allait se relever. Cette fois, nous ju-
geâmes qu'il était de la convenance d'assister au troisième acte de *Dalila*, le plus dramatique de l'ouvrage
et nous passâmes dans la salle. Elle était pleine, ains
qu'à l'ordinaire. Lafontaine eut des éclairs et des éclats,
comme si l'orage qui grondait en ce moment avai
passé dans ses veines; il s'irrita, il bondit, il fit vole
les portes sous ses poings fermés; il jeta rudement à
genoux mademoiselle Fargueil, qui cria vraiment; i
eut des larmes, des oppressions, des cris; il donna l'*ut*
enfin, ce fameux *ut* que tous les grands comédiens ont
dans le gosier et dans le cœur!

Lorsque nous retournâmes dans sa loge pour le complimenter, elle était remplie par plusieurs personnes,
entre lesquelles nous reconnûmes M. Cham ou plutôt
M. de Noé, le très-fin caricaturiste, qui ressemble à un
officier, grand, mince, l'œil sévère et fixe. Il y avait
aussi M. Angelo de Sorr, un homme de lettres d'hier,
un millionnaire d'aujourd'hui, qui vient d'hériter à la
fois de son père, d'une tante et de deux cousins.

Tout ce que nous pûmes faire, à travers cette multitude, ce fut de passer notre bras entre deux per-

sonnes et de tendre la main pour serrer celle de Lafontaine.

Tout à coup, un grand bruit se fit entendre; la porte
s'ouvrit brusquement, et le directeur du Vaudeville,
M. de Beaufort, entra, rouge, haletant, furieux. «

M. DE BEAUFORT, *sautant à la gorge de Lafontaine.* —
Cela ne peut pas se passer ainsi! je ne le veux pas, entendez-vous, je ne le veux pas!

LAFONTAINE. — A qui en avez-vous, mon cher directeur?

M. DE BEAUFORT. — C'est une indignité, je dirai même
plus, c'est une folie! J'en prends à témoin tous ces
messieurs.

LAFONTAINE. — Mais lâchez-moi donc!

M. DE BEAUFORT. — Non! je vous défends de jouer
comme cela! C'est merveilleux, c'est sublime, c'est immense! Mais vous vous éreintez, vous vous tuez! C'était
bon aux dix premières représentations; mais, à présent, pourquoi? pourquoi?

LAFONTAINE. — Vous m'étranglez, mon cher Beaufort!

M. DE BEAUFORT. — Je vous défends de donner ainsi
tous vos moyens, ou sinon je raye la pièce de l'affiche.
Vous ne durerez pas deux ans à ce métier, et vous me
ruinerez, ami ingrat! comédien admirable! (*Il s'essuie
le front.*)

LAFONTAINE, *riant.* — Ce n'est que cela...

M. DE BEAUFORT. — Comment! que cela? Je vous enjoins de vous conformer à mes instructions. Je veux que vous jouiez comme tout le monde, je le veux, je l'exige ! Si demain vous avez le malheur d'être aussi magnifique que ce soir, je supprime vos feux. On va commencer le dernier tableau ; voyons, bâclez-moi cela, soyez calme ; ne vous abîmez pas la poitrine, cela n'en vaut pas la peine, que diable ! La moitié des spectateurs est déjà partie ou va partir. Lafontaine, soyez médiocre !

LAFONTAINE. — Vous le voulez bien ?

M. DE BEAUFORT. — Je vous en conjure.

LAFONTAINE. — Allons, je vais essayer. (*La cloche sonne ; il boutonne son habit et descend, suivi de M. de Beaufort.*)

UNE VOIX, *dans le lointain.* — Julien ! ver de terre ! crapaud ! oison fangeux ! Julien ! monteras-tu ?

XVII

LES BORDELAIS

— *Té !* Caminade !

— Bousquet, *té !*

— *A dieu ;* comment tu vas ?

— *Et autrement,* quoi de neuf ?

Ce sont deux Bordelais qui s'accostent.

Leurs gestes, leurs clameurs remplissent la voie publique. Ils barrent le trottoir. On sent qu'ils sont chez
eux, et qu'ils se savent — les maîtres.

*

L'ancien Gascon n'existe plus. C'est le Bordelais qui
lui a succédé.

Pour ma part, — mais pour ma part seulement, sans doute, — je regrette cet ancien type du Gascon, qui traverse de sa longue et innocente épée les XVII⁰ et XVIII⁰ siècles ; type charmant, jurant par *sandis* et *cadédis*, presque touchant sur les ruines de son *pétit castel*.

Quel pourfendeur de montagnes ! Il a l'air si martial, qu'il n'ose pas se regarder dans un miroir. — Quel spadassin ! *Amorcez, je pars !...* écrit-il à un adversaire toulousain. — Quel poëte ! « L'épée d'un Gascon est la clef de l'autre monde. » — Quel amant ! Il conduit au bal une femme de qualité, vêtue en domino. « Je crains qu'on ne me reconnaisse, lui dit-elle. — Non, madame ; je vous déguise au dernier point : *on mé régarde.* »

Le Bordelais, pour être moins chevaleresque, n'en est pas moins vain. Il a gardé du Gascon le fracas des manières et l'indéconcertable assurance. Mais quelle différence dans le costume ! le Gascon n'avait qu'un habit sur lequel il n'y avait pas plus de poil que sur un œuf, un chapeau fané et des dentelles problématiques ; le Bordelais, au contraire, se distingue par ses redingotes idéales, ses bottes craquantes, ses *panamas*. Il est de tous les soupers célèbres et de toutes les premières représentations. Pourquoi ne voudriez-vous pas qu'il fût satisfait de lui-même ? Il n'y a plus un seul Bordelais misérable aujourd'hui ; le dernier est mort depuis longtemps : — il s'appelait Chodruc-Duclos.

Le Bordelais, c'est le Gascon arrivé.

L'INVASION BORDELAISE

A l'heure qu'il est, les Bordelais nous débordent ; ils se sont emparés de Paris, — comme les rats norvégiens en 1815.

L'invasion bordelaise remonte aux dernières années du règne de Louis-Philippe ; elle paraît avoir été déterminée par l'installation des chemins de fer ; aussi peut-on regarder comme ses principaux chefs les frères Pereire, et, à la suite, MM. Félix Solar et J. Mirès, rédacteurs du *Journal des chemins de fer.*

Mais ce n'est guère que depuis dix années que cette invasion a emprunté le caractère foudroyant sous lequel elle se produit aujourd'hui. Si Bordeaux est désert, si les allées de Tourny s'endorment dans le silence, si le mince jet d'eau des Quinconces n'est plus qu'un arrosoir dans une solitude, la faute en est à cette émigration presque générale et tout industrielle.

Les Bordelais se divisent en deux classes :

1° Les israélites,

2° Les catholiques.

Les israélites *font* la Bourse ; les catholiques *font* les vins.

Les Bordelais catholiques ont moins de relief que les juifs Bordelais, — au physique comme au moral. Le plaisir semble les absorber plus particulièrement. On remarque également chez eux un esprit de famille et d'union moins développé.

Leur patriotisme est très-restreint ; au vrai, nous les croyons sceptiques. — Si nous ajoutons à cette qualité négative une absence presque complète de sensibilité, nous serons certain d'avoir défini le caractère de la plupart d'entre eux.

*

L'invasion emprunte une physionomie plus accusée à la présence des Bordelais israélites dans la rue Vivienne et aux alentours de la Bourse. Ici, les visages sont basanés, les nez ont des courbes énergiques, les yeux étincellent sous des arcs noirs, les bouches sont perdues dans des barbes dont la frisure rappelle les monarques assyriens. Ces israélites sont, en majeure partie, originaires d'Espagne et de Portugal ; leurs noms sonnent comme un romancero : c'est un débordement de Lopez, de Nunez, d'Alvarès, de Rodriguez, de Henriquez, de Melendez. La rue Bouhaut tout entière — ce Ghetto bordelais — s'est répandue sur nos trottoirs.

Dès leur arrivée, les israélites bordelais se sont trouvés en antagonisme avec les israélites allemands, protégés et fortifiés par leur idole de la rue Laffitte : Rothschild. Les juifs allemands ont moins de brillant, moins d'initiative que les juifs bordelais : ils n'ont point renoncé aux gémissements des plus humbles marchands de lorgnettes ; ils accusent toujours des pertes. Mais ils connaissent l'esprit parisien mieux que personne, et, s'ils sont lents à voir, ils voient clair.

En attendant, ils laissent passer les Bordelais.

LEUR ARGOT

Les Bordelais se tutoient tous.

Leurs premières paroles, en s'abordant, c'est :

— Comment est-on ?

Ou bien :

— Qu'est-ce que tu vois ?

A moins que ce ne soit :

— Qu'est-ce que tu vois en *liqui?* (Pour liquidation.)

En outre, ils ont — surtout les plus petits d'entre les israélites de la coulisse — un vocabulaire particulier, fait pour dérouter les intrus. C'est un mélange d'espagnol, de portugais, d'arabe, de patois et d'argot.

Donnons-en un aperçu :

Jamor (prononcez *rrramor*). — Ane.

Mamzer — Mauvais homme, coquin.

Jaram (prononcez *rrraram*). — Fin; *tu es un rrraram.*

Goye. — D'un autre culte, le chrétien; par exemple: *le goye te mire,* le *pante* te regarde.

Gnagne. — Un imbécile, un stupide, un *gnagne;* d'où vient *faire gnan-gnan,* c'est-à-dire faire la grimace.

Binditte. — Autre injure.

Majadero. — Tracassier, assommant.

Pezado. — Lourd, ennuyeux.

Jaquette (prononcez *rrraquette*). — Qui parle toujours.

Du Manhot. — Monnaie, argent ou or.

Larguer (prononcez *rrrarguer*). — Empaumer; *larguer le goye.*

Chetica. — Ne parle point devant lui: tais-toi.

Tout le mal qu'on peut dire des Bordelais a été dit par les Bordelais eux-mêmes.

Tout le bien aussi.

Il ne faudrait pas trop s'exagérer leur habileté ; elle est faite d'un peu de bonheur et de beaucoup d'audace. — Nous nous rappelons ce couplet d'une chanson de 1760, intitulée *la Chose impossible* :

> Trouver des dupes à Bordeaux,
> De fins matois en Picardie,
> Dans la Sologne des nigaux,
> De bonnes gens en Normandie,
> Voir à Madrid quelque *dona*
> Dont la rigueur soit invincible,
> C'est la, la, la, la, la, la, la,
> C'est la chose impossible.

Le Crédit mobilier, la Caisse des chemins de fer et la Société générale des actionnaires sont les trois principaux *nids à Bordelais*. L'accent vous y prend à la gorge en entrant. On a tant de fois esquissé, et sous tous les points de vue, la physionomie très-distincte de chacun des directeurs de ces trois établissements, que nous n'y reviendrons pas.

Les autres n'appartiennent pas à la publicité.

Un trait caractéristique des Bordelais, c'est qu'ils ne peuvent prononcer une phrase sans l'accompagner d'un juron quel qu'il soit. Il y en a qui poussent l'accompagnement à un degré formidable. Ainsi, il n'est pas rare de surprendre des dialogues dans le goût de celui-ci :

— Te voilà, f.....! Comment tu la passes, nom d'un D...! Il y a une éternité qu'on ne t'a vu, b..... d'huître !

— Moi, je vais très-bien, f.....!

— Qu'est-ce que tu f... ici?

— Je fais les vins; voyons, as-tu besoin d'une bonne barrique, sacrée andouille.

C'est amical et tempêtueux à la fois.

Ils aiment assez à se donner entre eux des sobriquets — ou *chaffres,* — selon leur expression. Passez devant le Vaudeville, et vous entendrez souvent appeler : — *Collerette,* — *l'Archevêque,* — *Perruque,* — *l'Oignon,* — *Chinois,* — *l'Africain,* — *Cheval,* etc.

SUR LE BOULEVARD

MAUCOUDINAT. — Quelle chaleur, dis donc!

TRONQUEYRE. — Tu trouves? Il fait bien plus chaud que ça à Tourny.

MAUCOUDINAT. — Si nous prenions quelque chose?

TRONQUEYRE. — Ils n'ont rien de bon ici. Ce n'est pas comme au *Café de Bordeaux*. A propos du *Café de Bordeaux*, le propriétaire m'a dit de te réclamer, si je te voyais, soixante-quinze francs que tu lui dois, d'une ancienne note.

MAUCOUDINAT. — Quelle note? est-ce que c'est qu'il est fou?

TRONQUEYRE. — Tu comprends : je lui ai dit que cela ne me regardait pas, que ce n'étaient pas mes affaires, et qu'il aille se promener, et plus vite que ça encore! Je fais sa commission, voilà tout. As-tu un cigare?

MAUCOUDINAT. — Je fume mon dernier. (*Silence.*)

TRONQUEYRE. — *Té! pige*-moi Claverie qui passe.

MAUCOUDINAT. — Qui ça, Claverie?

TRONQUEYRE. — Claverie.

MAUCOUDINAT. — Claverie, de la Rousselle?

TRONQUEYRE. — Eh! non, Claverie, du Chartron.

MAUCOUDINAT. — Et qu'est-ce qu'il *faite* à Paris, Claverie?

TRONQUEYRE. — Il est dans une raffinerie.

MAUCOUDINAT. — Tu blagues!

AU RESTAURANT

CARBONAC. — Tu vas voir comme je vais te les clouer, à tes restaurants de Paris. Écoute un peu. (*Appelant.*) Le garçon! le garçon!

LE GARÇON. — Voilà, monsieur! Vous avez commandé quelque chose?

CARBONAC. — Le garçon, avez-vous du poisson frais?

LE GARÇON. — Très-frais, oui, monsieur, excessivement frais.

CARBONAC. — Oh! très-frais! très-frais! on ne m'en fait pas accroire, à moi! Je suis du pays du poisson, moi. Et d'où vous le tirez, votre poisson?

LE GARÇON. — D'où nous le tirons?

CARBONAC. — Oui, d'où vous le tirez? Nous allons voir.

LE GARÇON. — Dame, monsieur, nous le tirons de la Seine, si c'est du poisson d'eau douce, et de la mer, si c'est...

CARBONAC. — Est-ce que ça existe, votre Seine? qu'est-ce que c'est que ça, que la Seine? On n'y pêche que des blanchisseuses. Regardez-moi, le garçon : je veux vous envoyer du poisson, moi, du vrai poisson, comme vous n'en avez jamais mangé. Entendez-vous?

LE GARÇON. — Oui, monsieur. Le patron vous sera certainement fort obligé... Est-ce tout ce que monsieur désire?

CARBONAC. — Donnez-moi un *biftecque*.

ENCORE AU RESTAURANT

MAILLAC. — Dis donc, ça ne vaut pas notre *confit* de Bordeaux.

FRIGOUSSE. — *Anneféte!* (pour : en effet).

MAILLAC. — Et nos *royans*, qu'est-ce que tu en dis?

FRIGOUSSE. — Et nos *cèpes!*

MAILLAC. — Est-ce que tu l'aimes, toi, leur bourgogne?

FRIGOUSSE. — Tu m'embêtes! c'est fait avec du *trois-six*.

AVEC UNE FEMME

LAROQUE, *exaspéré*. — *Crante* francs ce chapeau!

EMMA. — Mais, mon ami, ce n'est par cher, je t'assure.

LAROQUE. — *Crante* francs ce chapeau !

EMMA. — Eh ! oui, quarante francs. Qu'est-ce que tu vois donc là de si extraordinaire ? C'est ce que coûte la moindre capote aujourd'hui. Informe-toi plutôt.

LAROQUE. — Allons, dis tout de suite que je suis un imbécile. *Crante* francs les chapeaux de femme, à présent ! Merci ! Chez nous, on te les a pour quinze francs, rue Sainte-Catherine, et ils font toute la saison.

EMMA. — Chez toi, c'est possible ; mais ici...

LAROQUE. — Tiens, veux-tu que je te dise ?... avec ton chapeau, tu me fais suer !

*

Puisque nous venons d'avancer un pied dans le demi-monde, constatons que le Bordelais y est bien reçu, — mais comme ami.

Il passe difficilement auprès de ces dames pour un *homme* sérieux.

Une remarque pour finir.

Bordeaux envoie à Paris très-peu d'ouvriers, — et point de domestiques.

XVIII

LES VOYOUS

Aux Saumaises futurs préparer des tortures.
                    BOILEAU.

UGÈNE. — Qué que tu fais là?

ERNEST. — J'attends Milie.

UGÈNE. — T'es donc toujours avec elle?

ERNEST. — Avec qui que tu veux que je soye, donc? Est-ce que ça te fait loucher? Faut le dire.

UGÈNE. — Merci! tu n'es pas rageur; je t'arrête pour le demi-terme.

ERNEST. — Je suis comme je suis; c'est pas une raison pour me bêcher à cause de Milie.

UGÈNE. — Qué qui te bêche?

ERNEST. — Toi... et les autres. Si j'ai un béguin [1] pour Milie, ça ne regarde personne. Il n'y a pas besoin de patente pour avoir une inclination. Je te reproche pas Joséphine, moi.

UGÈNE. — Veux-tu que je dise? Tu as un cheveu [2].

ERNEST. — Eh ben, oui, j'ai un cheveu. Après?

UGÈNE. — Après? Milie veut te lâcher.

ERNEST. — Qui t'a dit ça?

UGÈNE. — Je le sais, v'là tout.

ERNEST. — C'est Léon. Il était hier soir avec elle au Géant [3]. Je l'ai appris par les camarades de l'atelier, qui ont voulu me blaguer. Je suis bon enfant, mais j'aime pas la blague sur les femmes. Quand j'ai vu qu'ils me mécanisaient, j'ai dit : C'est bon ! et je suis venu me ballader sur le trottoir, où j'attends Milie à passer.

UGÈNE. — Pourquoi faire?

ERNEST. — Une idée comme ça. Je veux l'inviter à une chouette danse.

UGÈNE. — Du tabac [4]?

ERNEST. — Tout de même.

---

1. Un caprice, un *coup de soleil.*
2. Une inquiétude.
3. Le *café du Géant,* sur le boulevard du Temple.
4 Des sévices.

UGÈNE. — T'as tort.

ERNEST. — J'dis pas, mais je suis butté. Pourquoi qu'elle va au café-concert?

UGÈNE. — Si elle aime la musique, c'te femme!

ERNEST. — As-tu fini? Si tu comprends pas ça, t'es pas un homme, vois-tu.

UGÈNE. — Je suis un homme autant que toi, et je laisse aller Joséphine au bal Bourdon. Faut avoir confiance... Et puis j'aime mieux jouer la poule.

ERNEST. — Parce que t'es un gouapeur. Mais ceux qui préfèrent le sentiment à la gouape, c'est pas ça. On a de la moelle ou on n'en a pas. T'as jamais eu de moelle pour un décime.

UGÈNE. — Possible. Mais je n'ai jamais de chahut [1] avec Joséphine comme toi avec Milie. Quand je rentre un peu éméché [2], après minuit, elle me dit : « La cruche est dans le coin; éteins-toi. » Eh ben, c'est une épouse, ça, que je dis. C'est pas de ces carcans à quernoline, qui balayent le macadam. Aussi qué qui a des égards pour elle? C'est moi. Je lui paye son garni de la rue Ménilmontant, un poussier de quinze balles par mois. Excuso!

ERNEST. — Eh ben, et moi, je ne lui paye peut-être pas son bahut, à Milie? Quoi qu'elle a à se plaindre?

1. Querelle.
2. Gris, *allumé*.

Si je me rince la corne [1] quelquefois chez le mastroquet [2], c'est pour me consoler. De quoi! on a ses potins [3] comme tout le monde. C'est pas une raison pour vous faire des scènes tous les jours et vous appeler muffe?

UGÈNE. — Elle t'a appelé muffe?

ERNEST. — Lundi; tu vas voir. Il me restait encore quatre francs de ma paye; j'avais chauffé le four [4] depuis samedi, et j'allais rentrer chez Milie quand je rencontre Todore.

UGÈNE. — Un puant!

ERNEST. — Il me demande si je veux m'humecter. Je lui dis comme ça que j'ai mon casque [5]. Il me répond qu'un casque de plus, ce n'est pas ce qui nuit à la considération de l'honnête ouvrier, et il offre une tournée au *café Robert*. Qué que tu aurais fait à ma place? Tu lui aurais rendu sa politesse.

UGÈNE. — Plus souvent! à un daim de ce tonneau! Rasoir!

ERNEST. — Je paye le noir [6] et le mêlé, et je m'enfile

---

1. *Se rincer la corne*, se griser.
2. Le marchand de vin.
3. Embarras.
4. Bu à l'excès.
5. *Avoir son casque*, ou *sa casquette*, ou *son jeune homme*, ou *son coup de gaz*, être gris.
6. Café

de douze sous. Je voyais ben qu'il était poivre [1] lui aussi; mais ça ne me regardait pas, pas vrai?

UGÈNE. — Ça te regardait, sans te regarder. Puisque tu en avais plein le boudin [2]!

ERNEST. — Dame! on ne crache pas sur la consommation. A quoi ça m'aurait avancé de faire ma Sophie [3]? Todore fait venir deux lavements au verre pilé [4], que nous avalons en douceur. Pour ne pas rester en affront, je propose l'absinthe; c'était l'heure : six plombes quinze broquilles [5]; si ça n'avait pas été l'heure, j'aurais reniflé dessus. Robert nous apporte deux bavaroises aux choux... [6] c'était ça... presque aussi bath [7] qu'au *Champ de navets* [8]. Nous en étouffons encore deux autres; après quoi, j'avais mon affaire, là, dans le solide. J'y voyais en dedans. Todore parlait pus. Robert, qui voit que nous avons fini de faire aller le négoce, nous dit à tous les deux : « C'est pas tout ça; vous avez votre cocarde [9], y faut éclairer [10]. C'est six

1. *Être poivre*, être gris.
2. Idem.
3. Faire des façons.
4. Deux petits verres d'eau-de-vie.
5. Six heures un quart.
6. Deux verres d'absinthe anisée.
7. Bon.
8. Ancien bal-cabaret situé autrefois sur l'emplacement de la caserne du Château-d'Eau.
9. Vous êtes gris.
10. Payer.

francs, sans compter la casse. » Je dis à Todore : « Vas
y de ta part. » Todore me répond : « J'suis malade. »

UGÈNE. — Des emblèmes !

ERNEST. — Je te le secoue, il tombe sous la table,
en disant : « J'veux un fiacre. » Moi, ça commençait
à me fendre l'arche [1]. Je lui dis : « Pas de bêtises,
mon vieux ! ça ne serait pas à faire ; blague dans le
coin, t'es malade, mais paye ta moitié. »

UGÈNE. — Malade du pouce ; ça empêche les fonds
de glisser.

ERNEST. — Sais-tu ce qu'il me répond. « Et ta
sœur [2] ! »

UGÈNE. — J'aurais cogné.

ERNEST. — Robert voit le flanche [3] et dit : « Il faut le
fouiller. » Todore voulait pas se laisser faire, mais je
lui appuie le genou sur l'estom et je lui nettoie [4] sa
pelure du haut en bas. J'trouve une demi-veilleuse [5].

UGÈNE. — Oh ! la la !

ERNEST. — Robert dit : « Je suis levé [6] ! » et il
nous appelle filous. Je suis obligé de me lâcher de.

---

1. Cela m'ennuyait.
2. Intraduisible.
3. La malice.
4. Je le fouille.
5. Une pièce de cinquante centimes.
6. Floué.

ma douille[1], en marronnant. Après ça, nous nous cavalons, moi et Todore, du côté du Temple, en pinçant un feston un peu fiscal[2]. Arrivé devant le liqueuriste : *A la petite chaise,* il me dit : « Pourquoi que la colonne de Juillet remue quand il fait du vent? » Je lui réponds que ça m'est égal. Là-dessus v'là mon Chinois qui se fâche et qui me reproche d'avoir payé au *café Robert,* vu que ça l'humilie dans sa dignité. Je l'envoie à la balançoire. Il se monte et veut me passer la jambe. Je dis : « Ça va cesser, n'est-ce-pas? » et je lui détache un coup de pinceau sur la giberne[3]. Il veut repiquer de la même pour le second rampeau[4]. « T'en a pas assez? que je lui dis. J'en tiens un assortiment dans les prix de fabrique. » Et je m'allonge. Mais v'la-t-il pas ma patte gauche qui lâche le trottoir; je m'étale et je me dégrade le portrait[5].

UGÈNE. — Et Théodore?

ERNEST. — Todore? Il avait été donner de la tête dans la boutique du liqueuriste; c'était pas volé. On l'a collé au dépôt. Moi, je suis rentré chez Milie; en prenant par la barrière du Maine. Et v'là pourquoi elle m'a traité de muffe.

1. Argent.
2. En marchant de travers.
3. Un coup de pied au...
4. Terme de savate.
5. La figure.

UGÈNE. — C'est différent; t'as raison, alors. Y faut la balancer [1].

ERNEST. — Tiens! Pavard qui passe; appelons-le. — Hé! Pavard! brrrrrrr! pil-ouitt! pil-ouitt!...

1. Congédier.

XIX

LES COULISSES DU TRAVAIL

Je suis du nombre des écrivains qui aiment à travailler dans les endroits publics.

Je vais expliquer pourquoi. L'idée d'un cabinet orné de tous les attributs de l'étude et la perspective de plusieurs heures d'isolement me remplissent d'horreur. Je me considère alors comme un médecin, ou comme un bureaucrate, ou comme un avocat; enfin, il me semble que j'exerce une profession quelconque. La pendule et moi, nous nous regardons avec un vague sentiment de haine, je crois l'entendre me dire avec son timbre impérieux : « Il ne faut pas que tu sortes, il ne faut pas que tu bouges; accomplis ton devoir; dépêche-toi, je te surveille. »

Je suis du nombre des écrivains qui aiment à travailler dans les endroits publics.

Il est matin; je descends paresseusement les quais. Où travaillerai-je? Cette seule préoccupation est déjà un plaisir. Ordinairement, je me décide pour un café, mais spacieux, élevé avec des divans sur lesquels je puisse m'étendre à l'aise. « Qu'est-ce que veut prendre monsieur? » me dit le garçon. A la bonne heure! celui-ci ne parle pas comme ma pendule. Il m'apporte avec empressement sur un plateau ce que j'ai demandé au hasard; c'est quelquefois une drogue étrange, dont le nom vient de se révéler à moi tout à coup :

Brou de noix;

Crème de céleri;

Vespétro;

Liqueur des braves;

Ruisseau de Dieu, etc.

Après avoir considéré avec intérêt le petit verre teint de rouge ou de jaune que le garçon a déposé devant moi, je demande... du papier et de l'encre.

Je suis du nombre des écrivains qui aiment à travailler dans les endroits publics.

Si l'on cause à mon côté, cela m'est égal; si l'on m'examine avec curiosité, cela ne me fâche pas. Le bruit des dominos me réjouit à l'égal d'un accompagnement; je sais que je suis dans un lieu de plaisance,

cela suffit pour me mettre en gaie humeur. Peu
m'importe que la plume soit mal taillée, l'encre trop
blanche, le papier trop mince; mon esprit qui s'éveille
dédaigne toutes ces misères, qui, dans mon logis seraient des tortures. La dame de comptoir, qui me voit
sourire, n'y comprend rien du tout.

Je suis du nombre des écrivains qui aiment à travailler dans les endroits publics.

Au Palais-Royal, il y a de grands, d'immenses cafés,
qui sont assez solitaires vers le milieu du jour. Un
garçon, armé d'un couteau, divise avec équité les
morceaux d'un pain de sucre; un autre verse des
gouttes d'eau de fleurs d'oranger dans une multitude
de petites fioles; plus loin, c'est une habile *repri-
seuse*, qui raccommode le tapis d'un billard. Ce
calme me plaît, pourvu qu'il s'y mêle un beau rayon
de soleil en été ou le grondement d'un brave poêle
en hiver.

Je suis du nombre des écrivains qui aiment à travailler dans les endroits publics.

Peut-être serai-je bête comme une oie dans ce que
j'écrirai sur cette table de café; mais qu'est-ce que
cela fait? Il y a longtemps que j'ai renoncé à avoir du
génie. Pourvu que je détermine un sourire de temps
en temps, que j'excite une surprise ou un impercep-
tible et fugitif mouvement de sympathie, c'est assez
pour moi. Le reste ira tout seul; et, malgré mes iné-

galités, les classificateurs de l'avenir, en quête de papillons pour leurs longues épingles, me rangeront dans le sous-genre des amuseurs.

Je suis du nombre des écrivains qui aiment à travailler dans les endroits publics.

XX

LE POËME DU CRÉANCIER

— Toc! toc! toc!

On frappe chez moi à neuf heures du matin. Pourquoi frappe-t-on lorsqu'il y a une sonnette? J'ai recommandé à mes amis de se nommer et à Hélène de gratter; mais je n'ai dit de heurter à personne. Celui qui heurte en ce moment est donc un malin, et je dois me méfier de lui. Ne bougeons pas.

— Toc! toc! toc!

Oui, frappe, je te le conseille. Frappe, ma résolution est prise. Après tout, ce bruit n'est pas plus désagréable que celui du piano, on peut s'y accoutumer. Si tu as la persévérance, j'aurai la force; et tu ne me vaincras, comme dit la complainte, « ni par terre, ni par mer, ni par trahison. » Je te reconnais d'ailleurs, quoique je ne te voie pas. Tu es maigre, tu as sous le bras un paquet enveloppé de percaline noire, — tu es le créancier.

— Toc! toc! toc!

Tu es le créancier; ne le nie pas. Tu es l'homme sans prudence qui m'a fait crédit, le corrupteur de ma pauvreté. C'était un piége que tu me tendais en m'accordant *du temps* pour te payer; tu voulais faire de moi ta victime de tous les jours et de toutes les heures. J'ai pénétré ton plan, et je m'en venge aujourd'hui. Je ne t'ouvrirai pas.

Je ne t'ouvrirai pas, parce que tu es triste, et que j'ai bien assez de ma tristesse, à moi, sans m'embarrasser encore de la tienne. — Ah! si tu ressemblais à M. Dimanche, si tu avais un bel habit, un gros ventre, une figure rubiconde, et à la main une canne à pomme dorée, je n'éprouverais aucun déplaisir à te recevoir chez moi, à t'indiquer du geste un fauteuil, à m'informer de ta femme, de ta fille et de ton petit chien Brisquet. Mais tu n'as rien de l'épanouissement de M. Dimanche; tu es le créancier du XIXᵉ siècle. Tu n'es pas même bête. Je ne t'ouvrirai pas.

Je ne t'ouvrirai pas, parce que tu m'attendrirais peut-être, et que, si je m'attendrissais, je te payerais, — ce qui serait absurde de ma part, en ce moment. Tu me dirais les difficultés de ton négoce, ta fin du mois embarrassée. Je suis compatissant, je me connais. Tu n'aurais qu'à pleurer, je serais perdu. Et le pauvre petit argent, fruit de mon travail, que je réserve pour une partie de plaisir, cet argent qui doit me rendre le courage et la verve, passerait insensiblement de mes mains dans les tiennes. Je ne t'ouvrirai pas.

— Toc! toc! toc!

Non, tais-toi. Je n'y suis pas, je n'y veux pas être; car, si, par malheur, essayant d'un autre système, tu cherchais à faire l'insolent, je ne répondrais pas des effets de mon courroux. Allons, laisse-moi tranquille. Je ne veux pas t'ouvrir, pour te chasser cinq minutes après. Car je te chasserais, crois-le, à la première parole malséante. A la seconde, je te jetterais par la fenêtre. Voyons, va-t'en, sois raisonnable. Tu reviendras demain.

— Toc! toc! toc!

Est-ce par la lassitude que tu espères venir à bout de moi? Insensé! tu ne me connais guère. Autrefois, c'est vrai, on me vit trembler, lors de ma première dette, autant que lors de mon premier rendez-vous; mais le temps a marché depuis. Fantôme orgueilleux, je t'ai mesuré; tu ne me fais plus peur. J'ai défini sagement ma situation et la tienne. Deux personnes étant données, un créancier et un débiteur, il y aurait un pléonasme moral à ce que toutes les deux s'inquiétassent pour le même motif. Je te laisse l'inquiétude.

Frappe ; je t'écoute. Tu n'es qu'un créancier d'argile ; je suis un débiteur de pierre.

Tiens, tu frappes mal ; tu n'arrives qu'à un effet de monotonie qui trahit tes intentions. Quel doigté misérable ! Un jour que je serai de bonne humeur, je veux te donner une leçon. Tu verras.

— Toc ! toc ! toc !

Mais enfin, à quoi cela t'avancerait-il d'être remboursé ? qu'y gagnerais-tu ? As-tu réfléchi à tous les ravages, à tous les accidents dont une *rentrée* imprévue peut devenir la cause ? Comptant à peine sur cet argent, est-il certain que tu l'appliquerais tout entier à ton commerce ? ne le dépenserais-tu pas plutôt dans une orgie ? Tu n'es pas seulement un créancier, tu es un homme ; tu possèdes des passions, des vices. L'occasion vient toujours au-devant de ceux qui ont les poches pleines. Tu dissiperais *mon argent*, quelque chose me le dit. Envisage, à présent que tu es de sang-froid, les conséquences de la débauche : on ne sait pas souvent en quelle compagnie on se trouve, et une rixe est bien vite survenue. Vois-tu d'ici ton avenir perdu, ton honorabilité entamée ? Si on allait te crever un œil ou te casser une jambe ! Ce serait horrible. Il ne faut pas que tu coures de semblables périls, j'en aurais trop de remords. Je ne te payerai pas.

Je ne te payerai pas ; car, au fond, j'ai de l'affection pour toi. Tu es ignoble, tu n'as pas d'esprit, point de bonté. Mais c'est ton opiniâtreté qui me charme. (Toc! toc! oui, je t'entends.) Tu es un problème vivant pour moi. Je veux te suivre dans la vie, — te suivre de loin, bien entendu. Or, si je te payais, je ne te reverrais plus. Je rentrerais à tes yeux dans la foule des personnes qui te sont indifférentes; il y aurait une barre sur mon nom dans ton souvenir comme dans tes livres.

Je ne te payerai pas; car je prétends, non-seulement te suivre, mais surtout être suivi par toi, en ce monde. Je touche à cette période critique où tout fléchit sous les pas de l'homme, où l'amour s'envole, où l'ambition s'évanouit, où le cheveu tombe, où le rhumatisme s'éveille. De tous ceux que j'aimais, combien déjà sont partis, hélas! Encore quelques années, et il ne restera plus personne autour de moi, — excepté le créancier.

— Toc! toc! toc!

Merci, ami; tu es là, tu veilles; c'est bien. Tu poursuivras ta mission jusqu'au bout, j'en suis sûr; tu ne me perdras jamais de vue, toi, parce que je te dois trop. Tu remplaceras ma famille; continuellement il y aura quelqu'un qui s'informera de ma santé, de mes succès ou de mes revers. Si le fantôme désolant du suicide vient me tenter, avec quel zèle tu l'écarteras de mon chevet! Le jour où j'aurai résolu de me précipiter par-dessus le pont Neuf, je suis sûr de me sentir retenu par une main vigoureuse, — et cette main sera la tienne, ô créancier que je ne payerai pas!

Non, je ne te payerai pas; et alors qui est-ce qui

peut prévoir où s'arrêtera ton dévouement, Pylade malgré toi, P'méjà par force? Peut-être mendieras-tu pour moi, au coin des carrefours, comme l'esclave du Camoëns? Peut-être, la tête couverte d'un voile épais, te hasarderas-tu jusqu'à chanter sur les places publiques, bien que tu possèdes la voix la plus discordante du monde; mais ton action n'en sera que plus sublime, et il se trouvera sans nul doute des poëtes et des musiciens peur composer à ce propos un opéra intitulé *le Créancier voilé*.

Non, je ne te payerai pas! car je veux, lorsque j'aurai cessé de vivre, que tu suives mon convoi, seul peut-être, le front nu, l'œil inquiet comme toujours, en te disant :

— Il m'aura porté sur son testament, c'est indubitable; il laisse quelque chose, c'est certain; je serai payé, c'est clair.

Et, si tu n'es pas payé, même après ma mort, eh bien, tu seras encore le seul à regretter que je n'aie pas vécu plus longtemps!

XXI

LES BIJOUX DE FANNY

LES BIJOUX. — Nous chantons l'hymne de la beauté et du luxe, de l'orgueil et des plaisirs. Nous sommes les bijoux effrénés, les pierres insolentes. Nous courons, nous glissons, nous brillons autour du corps et des habits de la plus admirable des femmes.

Voyez-la! elle est jeune, elle est blonde, elle est blanche. On ignore d'où elle vient et où elle va, et personne ne songe à le lui demander; on sait seulement qu'elle est faite pour Paris, comme Paris est fait pour elle.

C'est Fanny, *Fanny de rien*, comme le *Didier de rien* de *Marion Delorme*. Il n'y a que nous qui connaissions et qui puissions redire quelques chapitres de son histoire, à la fois fantastique comme un conte d'Hoffmann et réelle comme un compte de Barême.

LES BOUCLES D'OREILLES. — Celui qui nous a données à Fanny était un homme qui allait bientôt cesser d'être jeune, mais dont la gaieté tenait encore bon. Il avait mangé successivement la fortune de sa mère et celle de deux oncles; et, comme il avait toujours faim, il partait le lendemain pour Sidney, afin d'aller chercher l'or à ses sources.

Il n'est pas revenu.

Nous sommes des émeraudes taillées et percées par les Indiens; nous alternons avec de longues boucles d'oreilles à la Sévigné, qui plaisent plus particulièrement à un vieux monsieur, rencontré par Fanny cet été à la Redoute de Spa et retrouvé cet automne sous un palmier en zinc du jardin Mabille.

Suspendues à des oreilles incomparables de petitesse et de transparence, — que de serments, — que de reproches, que d'aveux, que de désirs nous entendons tomber dans ces deux mignons entonnoirs!

Tantôt immobiles sous le charme d'une parole émue, tantôt agitées par le rire ou l'incrédulité, nous suivons les moindres inflexions d'une tête capricieuse. Sentinelles étincelantes, il nous est arrivé souvent d'arrêter par l'éclat de nos feux l'impertinence d'un financier ou la déclaration d'un adolescent timide et pauvre.

LA BOUCLE DE L'OREILLE DROITE. — Fanny était hier

au théâtre Italien; quelqu'un entra discrètement dans sa loge et s'assit derrière elle.

— Ah! c'est vous, dit Fanny sans se retourner; eh bien?

— Mauvaises nouvelles; la baisse continue.

— De combien suis-je en perte? continua-t-elle en promenant son lorgnon sur la salle.

— De 30 000 francs; je vous l'avais bien dit...

— Ne vous penchez donc pas tant, on vous verrait.

— Il faut vendre, reprit la voix.

— Non! dit Fanny.

— Mais le mouvement est certain; vous allez commettre une faute sans excuse, croyez-moi.

— Chut! dit Fanny; écoutez Mario.

— Vous avez donc des renseignements de votre côté, des nouvelles? demanda la voix avec inquiétude.

— Oui, des nouvelles excellentes : je me suis fait faire les cartes par ma femme de chambre, et le dix de trèfle est sorti quatre fois.

LA BOUCLE DE L'OREILLE GAUCHE. — A l'entr'acte suivant, un jeune homme est venu saluer Fanny; il était élégant, très-distingué, et semblait n'avoir pas plus de vingt-deux ans. Il a pris place sans façon à côté d'elle, sur le devant de la loge.

— Paul, vous n'y pensez pas, lui a dit Fanny tout étonnée.

— Mais si! a répondu le jeune homme en lui souriant de fort près.

— Votre tante et vos sœurs sont ici; vous allez vous compromettre!

— Je sais bien; c'est pour qu'on me marie plus vite.

LE COLLIER. — Je serre, de ma tresse de brillants, un cou dont je ne peux parvenir à éclipser le grain lumineux. L'homme qui a sollicité de Fanny la permission de m'agrafer, était un gros marchand de farines, qui avait de gros yeux, une redingote en gros drap, les joues rouges et bleues, des mains terribles, et dont l'haleine faisait nuage en toute saison.

Ce marchand reçut, pour sa récompense, une lettre de Fanny :

« Mon gros Hippolyte, sois béni pour toutes les illusions que tu m'as rendues! Ce n'est pas assez d'une existence de femme tout entière pour te donner le bonheur que tu mérites. Cher ange! pourquoi ne t'ai-je pas connu plus tôt? Pourquoi le ciel ne t'a-t-il pas mis sur mon chemin il y a quelques années? Tu aurais épargné à mon inexpérience bien des fautes sans doute.

» Il est inutile, mon gros chat, que tu te présentes chez moi, d'ici à quelque temps. Je pars ce soir pour l'Angleterre, où m'appelle une de mes parentes, en ce moment à son lit de mort. Que le temps va me paraître long, loin de toi! Écris-moi souvent, au moins; raconte-moi tes moindres actions, tu sais combien tout ce qui te touche m'intéresse, pauvre ami!

» Adresse toujours tes lettres à mon domicile, à Paris; Clotilde me les fera parvenir. J'espère bientôt t'informer de mon retour, qui sera un jour de fête pour moi.

» Mais vous, monsieur le monstre, qu'allez-vous faire pendant mon absence? Vous allez sans doute bien courir et vous amuser. Sachez que je suis jalouse même de vos pensées, et que, s'il vous arrive de m'être infidèle, je le saurai, et je vous arracherai des tempes vos beaux cheveux noirs. Je regrette presque de vous avoir fait connaître cette petite Clotilde, avec laquelle vous avez l'air trop familier. A mon retour, je mettrai bon ordre à tout cela.

» Adieu, loulou; adieu, gros chien noir à sa moumoute; celle qui t'embrasse et qui passe sa main dans tes gros favoris de crin.

» TA FANNY.

» *P. S.* Pour subvenir aux frais de mon voyage imprévu, j'ai dû tirer sur toi, mon Hippolyte chéri, un billet de quatre cents francs à six semaines. Je te sais assez bon pour ne pas te laisser protester et pour me rendre ce petit service, au sujet duquel je n'ai pas voulu m'adresser à d'autres que toi, Adieu! adieu encore! »

LE BRACELET. — Je fais six fois le tour du bras adorable de Fanny; mes diamants servent à cacher la cicatrice d'un coup de couteau qu'elle reçut à quatorze ans, dans la rue des Étoupiers, au Havre.

LES BAGUES. — Que n'avons-nous les propriétés magiques de cette bague du conte des fées, qui pinçait le prince Charmant ou Bibi à chaque faute qu'il commettait! Comme les jolis doigts de Fanny seraient ensanglantés, et que d'avertissements cruels nous lui donnerions de minute en minute!

PREMIÈRE BAGUE : UNE TURQUOISE. — Lorsque Fanny arrête ses yeux sur moi, elle devient pensive. C'est qu'elle a failli aimer celui qui m'a achetée, le marquis de B***, qui, naturellement, ne l'aimait pas. — Je représente la note du cœur, comme disent les feuilletonistes.

DEUXIÈME BAGUE : UN RUBIS. — Chut! on m'a volée. Fanny ne l'a jamais su. C'était un pauvre diable qui voulait un sourire d'elle, et qui l'a obtenu, mais au prix d'un remords éternel et honteux...

TROISIÈME BAGUE : UN SAPHIR. — Cela lui coûte si peu et cela leur fait tant de plaisir!

CHOEUR DE BAGUES DIVERSES. — Léopold! Gustave! Chointot-Duval jeune! Le grand Paul! Ernestine!

LA MONTRE. — Un soir, après minuit, une voiture

s'arrêta devant la porte de Fanny. Un étranger en descendit, brun, grand, brusque, de belle mine. — Il monta malgré le concierge, — il entra malgré la femme de chambre, — il s'assit malgré Fanny.

— Qu'est-ce que vous voulez, monsieur? dit-elle enveloppée à la hâte d'un peignoir de dentelles.

L'étranger lui répondit :

— Vous voir d'abord ; souper ensuite.

— Je ne vous connais pas.

— Si, dit-il.

Il s'approcha d'un coffret entr'ouvert, où roulaient dans une demi-obscurité des vagues de joyaux.

— Je vous ai admirée, dit-il, pour la première fois dans une avant-scène des Variétés. Le lendemain, passant dans la rue de la Paix, j'aperçus aux vitrines de Marret et Beaugrand, sur un coussinet de satin blanc, une miniature de montre, grande comme une pièce de vingt centimes, et à laquelle un diamant servait de verre.

— Celle-ci ! dit vivement Fanny.

— Celle-ci, dit l'étranger ; et je vous la fis envoyer sur-le-champ.

— Sans vous faire connaître?

— C'eût été de mauvais goût. En galanterie, je ne suis jamais pressé. Je me proposai seulement d'aller vous voir, un jour ou l'autre. Puis je voyageai. A Madrid, au bout de six mois, votre figure me revint en mémoire, et je vous adressai ce camée nègre qui est piqué à votre pelote.

— Après, monsieur? dit Fanny, intriguée au dernier point.

L'étranger continua :

— Enfin, il y a six ou sept heures, ma voiture a croisé la vôtre aux Champs-Élysées. Je me suis alors rappelé que je vous devais une visite.

— A minuit?

— Je croyais qu'il était une heure, dit tranquillement l'étranger.

Allant s'asseoir sur le tête-à-tête où l'étonnement tenait clouée la jeune femme :

— Mes façons, dit-il en souriant, ne sont point celles de vos Français. Ne m'en veuillez pas; je suis un Russe, le Russe de toutes les comédies et de tous les romans de la vie parisienne. Je vous ai épargné des hommages fastidieux; c'est un titre que je fais valoir auprès de votre esprit. — Vous voyez bien que vous me connaissez. A présent, soupons.

LE FLACON. — Je suis une fiole de cristal enfermée dans une résille d'or et de rubis. Ne me touchez pas! ne m'approchez pas! il y a du sang sur mon bouchon.

Ah! la mauvaise femme! la sorcière et la maudite! qu'elle soit lapidée par les épouses, par les mères et par les sœurs! Savez-vous ce qu'elle a fait, cette Fanny? Elle a poussé au duel un enfant de dix-huit ans, pour

un rien, pour un propos entendu derrière une cloison
de restaurant. L'enfant a eu la poitrine traversée par
un élève de Cordelois; il est mort en envoyant ce flacon à Fanny, dernier souvenir.

Le sommeil de Fanny est semblable au sommeil des
anges.

CHŒUR DE BIJOUX. — Gloire à Fanny et gloire à
nous! Nous équivalons, dans la grammaire des élé-
gances, aux adjectifs qui sonnent de la trompette devant les substantifs ou qui marchent derrière eux ne
faisant claquer des étendards. Nous faisons Fanny plus
belle et plus adulée : c'est une idole aujourd'hui; ce
sera notre sœur bientôt, — lorsque le froid de son
éclairs aura gagné jusqu'à son âme!

XXII

MONSIEUR COCODÈS

PORTRAIT PHYSIQUE

Chaque fois que j'ai visité un atelier de peintre, —
après la revue des grands tableaux, des petits tableaux
et des études, j'ai toujours rencontré un cadre ovale,
tourné dédaigneusement vers la muraille. Et, lorsque
je voulais l'examiner à son tour, le peintre m'a invariablement répondu en souriant :

— Bah! laissez cela, c'est le portrait d'*un Cocodès!*

La première fois, je n'ai pas insisté; mais, ce nom
revenant ensuite à mon oreille, et toujours avec le
même sourire, j'ai désiré en avoir le cœur net, — et

je suis parvenu à savoir ce que c'est qu'*un Cocodès* ou plutôt M. Cocodès.

Pour cela, j'ai retourné le cadre ovale.

Et j'ai vu.

J'ai vu un bellâtre blanc et frais, de cette blancheur qui s'obtient par les laxatifs; favoris passés au fer; cheveux noirs et épais; deux gros yeux reluisants comme ceux des animaux empaillés; un nez sans inquiétude, la pire espèce de nez, avec une bouche placée là uniquement pour servir de prétexte à de belles dents, des dents à reflets bleus et roses, l'horrible dans le joli — chez un homme. La pose voulait être naturelle : une main, ornée d'une bague dite *sorcière*, reposait sur une cuisse fière de se montrer et recouverte d'un pantalon gris de perle, nuance affectionnée par les personnes heureusement construites; l'autre main tenait un cigare commencé. Un ruban de lorgnon, très-large, brochait sur le tout, traversant une chemise à bouillons de batiste.

A la fois impertinente et abandonnée, cette pose semblait dire :

— Moi, je suis un artiste!

Mais la tête, molle, grosse, remplie d'eau. la tê'e vengeresse répondait implacablement :

— Toi, tu es M. Cocodès!

PORTRAIT MORAL

M. Cocodès est l'antipode de M. Prudhomme, dont il se moque, quoiqu'il vaille moins que lui. Il est l'expression bête et fatigante de la civilisation superficielle et de l'art faux. Au moins, M. Prudhomme a l'âpreté dans la sottise, tandis que M. Cocodès, souple et curieux, manque absolument de toutes les variétés de dignité.

Pour ne pas paraître un bourgeois, M. Cocodès se résout effrontément à toutes les affections. Il *marche sur son cœur*, selon l'image de M. Dennery, ou tout au plus, s'il se sent ému par quelque épouvantable catastrophe — ou par une jolie romance, — il *y va de sa larme*. C'est tout.

L'an dernier, il perdit sa mère; je le rencontrai sur le boulevard. Il me serra très-fort la main, et me dit en levant les yeux au ciel : « Il y a de ces choses avec lesquelles il ne faut pas blaguer. »

Ne demandez rien d'élevé à M. Cocodès : les grands génies l'épouvantent; il ne les connaît même pas. Il s'est fait un idéal composé des frères Lionnet, en musique, — de Nadaud, en poésie, — de Hamon, en peinture. Il n'aime que le genre.

Les femmes sont pour lui des *biches*, rien de plus, c'est-à-dire des personnes avec qui l'on soupe et l'on fait du bruit. Je ne jurerais pas cependant qu'il n'aimât dans un coin de faubourg une femme de trente ans, qu'il cache avec soin et qu'il appelle : Nini.

LE VOCABULAIRE DE M. COCODÈS

M. Cocodès emprunte ses paroles, comme il emprunte ses idées et ses sentiments. Paroles de Cocodès, c'est-à-dire mots de vaudevilles tournés au rance, rebuts de boulevard, épaves des petits journaux, le *Mon Dieur-je* de Lassagne et le *Gnouf-gnouf* de Grassot, le rire de convention, le cynisme sans motif, un mot d'ordre d'enthousiasme qu'on reçoit et qu'on rend sans le comprendre, jamais rien de simple ni d'imprévu.

Il vous nomme : *mon petit,* — *mon bonhomme* — ou *cher bon*, jamais Charles ou Jean.

Si on lui propose d'aller quelque part ou de faire quelque chose, il répond en imitant n'importe quel farceur de théâtre : *Allons-y gaiement!*

S'il entend parler d'un assassinat ou d'un tremblement de terre, il dit : *C'est un détail.*

S'il est question devant lui d'une fortune de trente ou quarante millions, il trouve que c'est assez joli *pour un homme seul.*

Une de ses formules les plus habituelles d'admiration, au spectacle ou en présence d'un tableau, est : *Comme c'est nature!* Il abuse de ce *Comme c'est na-*

ture! à tel point que je l'ai entendu s'écrier devant un vrai coucher de soleil : *Comme c'est nature!*

Veut-il raconter une anecdote qu'il vient d'entendre, il empruntera volontiers à M. de Villemessant sa locution célèbre : *Il faut que je vous en dise une bonne...*

Il appellera par son nom le garçon du café des Variétés et lui demandera si l'on peut avoir un grog, *avec des protections.*

Si ce grog laisse à désirer, M. Cocodès s'écriera avec la voix de feu Sainville : *Pour mauvais, il est mauvais!*

D'une chose exécrable, il dira : *C'est dans les prix doux.*

Ou bien : *Bah! à la campagne!*

De quelqu'un dont on lui donnera des nouvelles : *On n'a jamais pu savoir.*

Il prononcera *fouletitude* au lieu de multitude ; *Jalouseté* pour jalousie.

Naturablement pour naturellement.

Il aura de fausses gaietés et de fausses colères ; et, si vous lui répétez un innocent calembour, il vous menacera de vous *manger le nez.*

Autrement il restera *calme et inodore.*

Et, si quelqu'un lui demande s'il se porte bien : *Espérons-le, ô mon Dieu!* répondra-t-il.

À peu de chose près, voilà le répertoire entier de Cocodès. Et ce répertoire, si restreint, si misérable, si creux, il le récite tous les jours, partout, à tout le monde, avec l'aplomb d'un homme qui se croit aux avant-postes de l'armée des intelligents.

MADAME COCODÈS

C'est triste à avouer, mais il y a aussi madame Cocodès.

Par bonheur, madame Cocodès habite le treizième arrondissement.

C'est cette pécore — jolie quelquefois — qui riposte aux madrigaux qu'on lui adresse, par cette phrase qui a déjà servi neuf cents millions de fois : *Passe-moi la main dans les cheveux, et appelle-moi Arthur !*

Ou bien encore par cette autre phrase non moins éreintée : *Donne-moi des noms d'oiseaux, appelle-moi gendarme.*

Que, poussé par l'esprit d'aberration, vous murmuriez à l'oreille, au cou et aux cheveux de madame Cocodès : « Je vous adore ! » *Avec un jaune d'œuf*, vous répond-elle.

Ne descendons pas plus bas.

Madame Cocodès est plus excusable que M. Cocodès. C'est une femme. Ses parents ne l'ont pas élevée à la brochette, mais au bâton. Elle n'est pas tenue de connaître les délicatesses de l'idée et du langage.

Quoi qu'il en soit, le hasard vous garde de monsieur et de madame Cocodès!

XXII

CEUX QUI SE SURVIVENT

I

LA COMÉDIENNE

Le théâtre représente un théâtre. Au fond d'une baignoire d'orchestre est assise Irma Aubert, comédienne de la cinquantième année; sa toilette est riche et savante. Ses yeux suivent sur la scène, avec une expression terrible, une jeune débutante. Elle tient son mouchoir serré entre ses dents. Une amie est à côté d'elle.

IRMA AUBERT, *à voix basse.* — Ce geste est faux... faux... faux... Une poupée... Son peigne va tomber... Quelle voix! Tout cela est copié sur Brohan. (*La salle éclate en bravos. Irma Aubert se penche sur le bord de sa loge et applaudit plus fort que les autres, en disant tout haut :* Oui, très-bien! très-bien!)

L'AMIE. — Elle ne va pas mal.

IRMA AUBERT. — Laisse-moi donc tranquille, et attends le quatrième acte... Tu n'en finis pas avec la lorgnette; après toi, s'il en reste. (*Elle lorgne la débutante.*) On n'a pas idée d'une peau aussi noire : c'est de l'ardoise... Tu dis qu'elle sort de la classe de Régnier? Un joli cadeau qu'il fait au théâtre! — Ah! ces verres sont brouillés.

L'AMIE. — Il paraît qu'elle n'a pas encore dix-huit ans.

IRMA AUBERT. — Et ça veut déjà jouer les grands rôles! Mais, à cet âge-là, on ne sait pas dire autre chose que *papa! maman!* comme les phoques... Ah! ma pauvre Mars!... je les ai joués, moi aussi, les grands rôles, et je les jouerais encore, si je voulais... Tiens, elle marche dans sa robe... c'est pitié!

L'AMIE. — Au fait, pourquoi as-tu quitté le théâtre?

IRMA AUBERT. — Ah! pourquoi? Parce que j'espérais que le théâtre me rappellerait et qu'on ne pourrait pas se passer de moi, et que, sans moi, il n'allait plus y avoir ni succès, ni talent, ni beauté possibles. Cela m'a joliment réussi, tu vois. J'ai boudé, et l'on m'a laissée bouder; j'ai envoyé fièrement ma démission au comité, et le comité m'a accusé réception de ma démission, tout simplement, le lendemain, sur papier grand aigle. Pendant huit jours je n'ai pas quitté ma fenêtre; j'attendais, de minute en minute, des ambassadeurs, une députation, une dépêche du château, ou même M. de Rémusat en personne. Ah! ouiche! Ils ne pensaient plus à moi, les ingrats et les lâches! ils avaient déterré, je ne sais dans quelle banlieue, une petite fille comme celle de ce soir, et, dans le cabas de cette innocente, ils avaient fourré tout mon répertoire. Du propre!

L'AMIE. — Il fallait aller jouer ailleurs.

IRMA AUBERT. — Où cela? en province? Merci! Ils n'ont d'oreilles que pour l'opéra. A la Porte-Saint-Martin ou à l'Ambigu? Pour recevoir des décors sur le dos, n'est-ce pas, et pour donner la réplique à des clowns! Je te retiens, toi. Et dire qu'ici l'on faisait six mille francs chaque fois que je jouais, et qu'à midi il n'y avait plus de location! On ne reverra plus de soirées comme cela, ma belle; n, i, ni, c'est parti avec Irma Aubert. Tous les hommes étaient en habit noir et en cravate blanche; on n'aurait pas découvert un seul paletot, même au poulailler. Dans tous les entr'actes, M. de Montalivet montait à ma loge pour me complimenter. Hein! c'est de la gloire, cela!

UNE VOIX DU PARTERRE. — Chut donc, dans la baignoire!

IRMA AUBERT, *lorgnant*. — A qui en a-t-il, celui-là?

L'AMIE. — A nous, ma chère; à toi; tu parles trop haut.

IRMA AUBERT. — L'animal! il a peut-être fait trois heures de queue, il y a dix ans, pour m'applaudir; il a peut-être mon portrait lithographié dans sa chambre à coucher. — Sortons. La comédie est à jamais morte en France !

II

L'HOMME D'ÉTAT

Un salon décoré dans le goût puritain. Le soir, Jacques Reynal, l'homme d'État, est adossé à la cheminée, une main dans son habit ; sa pose est tellement roide, qu'on lui croirait une tige de fer dans les reins. Autour de lui, quatre ou cinq personnages chauves. Un whist, à quelques pas.

JACQUES REYNAL. — Quand j'étais aux affaires (*silence*), cela ne se passait pas ainsi. L'amoindrissement, ou, pour mieux dire, l'abolition du régime parlementaire, en enlevant aux masses leur aliment quotidien, a attaqué l'individualisme dans ses plus profondes racines. (*Gémissements dans tous les coins du salon.*) Il n'y a plus de remède possible aujourd'hui.

UN EX-PUBLICISTE, *avec abattement.* — Plus de remède !

M. GIBBEUX, *ex-secrétaire au ministère des affaires étrangères.* — Vous nous aviez promis cependant un article dans la *Revue.*

JACQUES REYNAL. — J'en attends les épreuves, ce soir même. (*Sensation générale.*)

VOIX DIVERSES. — Un article ! il s'est décidé à faire

un article! Peut-être consentira-t-il à nous en lire des fragments. Espérons et taisons-nous.

M. GIBBEUX. — La situation y est, sans nul doute, admirablement définie?

JACQUES REYNAL. — Le moment est encore innopportun. (*Anxiété*.) D'ailleurs, la publicité ne saurait être trop ménagère de ses forces. Je me suis contenté d'une simple analyse de la décomposition actuelle du corps social. (*Il étend la main vers une sonnette.*) Joseph!

UN DOMESTIQUE, *entrant*. — Monsieur a sonné?

JACQUES REYNAL. — Jos ph, est-il venu quelque chose pour *moâ?*

LE DOMESTIQUE. — Oui, monsieur; ces papiers...

JACQUES REYNAL. — Donnez. (*Silence profond. On entendrait voler Carpentier. Le whist est interrompu.*) C'est bien cela. Messieurs, quand j'étais aux affaires..., chaque ligne émanée de ma plume et destinée à diriger les esprits, était, jusqu'au jour de son apparition dans le public, un secret entre ma conscience et moi. Je veux bien aujourd'hui, vu les circonstances exceptionnelles où nous sommes, me départir de cette réserve. Le titre de ma nouvelle étude est : *Des causes et de la formation du radicalisme en Angleterre.*

M. GIBBEUX, *surpris*. — En Angleterre?

JACQUES REYNAL. — Oui, on sait ce que cela veut dire. L'Angleterre est prise là seulement comme terrain propice aux allusions. Je vais commencer par vous exposer l'objet de la leçon... c'est-à-dire de l'article. (*Il déroule ses épreuves et demeure frappé de stupeur à l'aspect des nombreuses suppressions à l'encre rouge faites par le directeur de la Revue.*)

L'EX-PUBLICISTE. — Qu'avez-vous?

JACQUES REYNAL, *se remettant.* — Rien. Une faute grave que j'aperçois; une faute d'impression... bien entendu.

L'EX-PUBLICISTE. — Comme vous êtes pâle!

JACQUES REYNAL, *très-vivement.* — J'étais toujours pâle, quand j'étais aux affaires! (*Longue sensation.*) J'entre un instant dans mon cabinet pour revoir cet important travail. (*Il traverse le salon à pas solennels, effrayant de froideur et d'orgueil.*)

VOIX DIVERSES. — Quelque chose d'extraordinaire se prépare; ayons l'air de ne rien soupçonner; ne gênons pas les projets de cet homme immense, et reprenons notre whist.

JACQUES REYNAL, *seul, dans son cabinet; il feuillette ses épreuves.*) — Quelle impertinence! toutes mes phrases à effet raturées par ce Booz! et ce billet de sa main : « Il est impossible que votre article passe, à moins que vous ne consentiez aux changements indiqués. » Quel ton! Je n'aurais pas mieux dit autrefois. Ah! il me le payera, si... — Pourtant, que dois-je faire? Céder aux injonctions de cet homme, un de mes anciens instruments? Humiliation! Mais, si je résiste, mon article m'est rendu, et, moi, je fais un pas de plus dans l'oubli. Non ! pas d'oubli ! (*Il écrit fiévreusement en haut du papier :* Bon à tirer.) Demain, la France lira encore mon nom !

III

L'HOMME DE LETTRES

JULES BODIN, *écrivant à côté d'un perroquet et au milieu de plusieurs personnes qui causent.* — « ... O misère ! un si grand art complétement disparu ! l'art du bien dire et du bien penser, l'art des ingénieux et des habiles, le seul art, d'après Tertullien ! Et, certes, on ne dira pas qu'il était un ignorant en ces choses du bel esprit et du raffinement, ce Tertullien ! Il avait, mieux que personne, le tour, le contour et le détour ; il avait l'ironie sans fiel, le conseil sans perfidie, le sourire à fleur de lèvres, et la sérénité, et l'élégance, et la force, et tous ces dons précieux qui ne sont plus maintenant, ô douleur ! qu'un souvenir, qu'une ombre, qu'un parfum, qu'une poussière. Boum ! pas de crème ! — Mais je me moque de ce Tertullien, à tout considérer ! Qu'avons-nous besoin de Tertullien dans cette occurrence ?... A bas Tertullien ! haro sur Tertullien !... Parlons plutôt, ami Ariste, des jours émerveillés de notre jeunesse, des jours tendres et harmonieux, où nous allions, l'arc d'argent à l'épaule, par les mêmes sentiers embaumés, à la conquête des mêmes rêves! En ce temps-là, ami Ariste, s'il vous en souvient, c'était une fête, une joie, une éloquence, un bonheur, une passion, un intérêt... »

LE PERROQUET. — Ran plan, plan, plan, plan!

UN FLATTEUR. — Titine ne se relèvera pas de votre dernier feuilleton.

JULES BODIN, *écrivant toujours.* — « Où sont les honnêtes gens d'il y a vingt-cinq ans, d'il y a trente ans? où sont les drames pleins de terreur et de pitié? où sont les beaux livres émus et les vaillants poëmes? Hélas! nous n'avions que trop de raisons de le dire : le grand art d'écrire est perdu! le grand Pan est mort! Il n'y a plus que moi de galant homme dans ce siècle, et puis Viennet, qui a fait *la Jeune nièce.* Hors de là, tout n'est que purulence et biographie, abjection et réalisme, haillons hideux, la boue avec l'encre, la souquenille du paillasse aviné, les Muses qu'on traîne au ruisseau, le carnaval dans la rue et dans les mœurs, le carnaval braillard, insolent, féroce, stupide, qui ne m'ôte même plus son chapeau quand je passe ; ô profond oubli! ô coupable ingratitude! ô l'outrage trois fois pénible à mes loyales années, à mon travail clément, à ma joie de chaque jour et de chaque page! A quoi sert donc aujourd'hui à l'écrivain sincère d'avoir été dans son enfance, comme Horace, couvert de branches de myrte et de laurier sacré par les colombes mystérieuses du Vulturne, qui s'élève comme une borne milliaire entre la Pouille et la Laconie? Le carnaval, les honnêtes gens, Tertullien, la pièce nouvelle, les biographies, quoi de plus encore! Et Diderot? en voilà un! quelle fougue! quelle conviction! quels muscles! quelle belle robe de chambre! »

LE PERROQUET. — *J'ai du bon tabac dans ma tabatière!...*

UNE DANSEUSE. — Adieu, je vais chez Paul de Saint-Victor.

UNE CHANTEUSE. — Et moi, chez Jouvin.

JULES BODIN, *écrivant toujours.* — « Cric! crac! continuons. La machine a repris de l'eau. J'irai comme cela jusqu'à demain, jusqu'à après-demain, et même jusqu'à Tiflis, comme Alexandre Dumas, l'Alexandre du conte et de la comédie; et, pour m'arrêter, il faudra me saisir à bras-le-corps. Encore, ne le pourriez-vous pas sans danger, ami Ariste, ami véritable, ami dévoué, le confident et l'émule, celui qui écoute et celui qui console. Ah! il a des bottes, il a des bottes, bottes, bottes, bottes, bottes, bottes, bottes, bottes... »

IV

L'AMANT

Le théâtre offre un boudoir. M. d'Olmuz, repoussant une femme de chambre, qui lui affirme que madame est indisposée, se trouve face à face avec Céluta, jeune, radieuse, la perle aux dents, une nuance d'impatience dans l'épaule gauche, adorablement satinée, qui sort à demi d'un peignoir de cachemire. — M. d'Olmuz voudrait bien ne représenter que quarante-cinq ans, en se fondant sur des cheveux ruisselants de blondisme et sur une maigreur de bon goût, qui lui permet de ne laisser arriver sa redingote qu'à sept ou huit lignes au-dessus du genou. Mais comment lutter avec ces pattes, dont aucune oie de Saintonge ne saurait égaler la démesurance, et que dix-sept couches de blanc de perle, caressées par l'éponge d'un coiffeur épris, ne sauraient dissimuler tout au plus qu'au regard de Paul Foucher?

M. D'OLMUZ. — Il y a quelqu'un chez vous, Céluta, dans la pièce à côté.

CÉLUTA. — Vous croyez?

M. D'OLMUZ. — J'en suis certain. J'ai entendu la porte se refermer au moment où j'entrais...

CÉLUTA. — Eh bien, voyez. Faites comme chez vous. (*Elle s'asseoit sur un divan; M. d'Olmuz va à la porte.*)

M. D'OLMUZ. — La porte est fermée.

CÉLUTA. — Ah!

M. D'OLMUZ. — Oui, au verrou, en dedans.

CÉLUTA. — Eh bien?

M. D'OLMUZ. — Eh bien, c'est la preuve que quel qu'un est caché là... là... vous comprenez!

CÉLUTA. — Bah!

M. D'OLMUZ. — Oh! tenez, Céluta, ne m'exaspérez pas avec votre sang-froid! Vous devez me connaître, cependant. Vous savez qu'il y a des moments où je ne me connais plus, où...

CÉLUTA. — Prenez garde à vos favoris; ils vont déteindre.

M. D'OLMUZ, *pâlissant*. — Céluta!

CÉLUTA. — Allons, enfoncez la porte, tuez le monsieur, et finissez-en. Cela me fatigue, à la fin.

M. D'OLMUZ. — Il y a donc... quelqu'un?

CÉLUTA. — Il faut croire.

M. D'OLMUZ. — Ah! (*Il se précipite vers le cabinet; Céluta le devance et se place devant lui.*)

CÉLUTA. — Dites donc, savez-vous que vous n'êtes plus drôle, vous?

M. D'OLMUZ. — Plus drôle?

CÉLUTA. — Et que, du moment où vous voulez faire du *brisacque* ici, vous êtes un fameux pistolet, encore!

M. D'OLMUZ. — Céluta!

CÉLUTA, *les poings sur la hanche*. — Monsieur!

M. D'OLMUZ, *mettant sa tête entre ses mains*. — Oh!!!

CÉLUTA. — Mais c'est vrai, cela! ces vieux sorciers, cela se croit tout permis! cela crie et gesticule comme à vingt-deux ans! As-tu fini, Saint-Cyrien de mon cœur? Des nerfs! Est-ce à ton âge qu'on se charpente le bourrichon dans ces prix-là? — Eh bien, oui, il y a quelqu'un dans ce cabinet. Après? — Quelqu'un de plus joli et de plus aimable que toi, rhumatisme de la grande armée! Quelqu'un qui m'envoie tous les jours des violettes à dix sous le tas, que je fourre dans mon sein, tandis que tes camelias se pavanent sur ma cheminée, au bénéfice de ma femme de chambre! — Quoi! tes procédés? du palissandre de la rue de Cléry, et un chalet dans le plâtras d'Asnières, où tu ne m'amènes à dîner que des têtes chauves comme toi, qui m'appellent *belle dame*, en me serrant les ongles; des êtres écarlates au dessert, et dont le cou fait bourrelet par derrière sur leur cravate blanche! J'en ai assez, mon bonhomme, et de toi aussi. Cela ne vaut pas le plaisir d'aller et de venir à mon gré, de souper chez Leblond et d'avoir, quand je veux, ma place chez Sari, dans *la loge de Georgette*. — Ne faut-il pas te sacrifier ma jeunesse, par hasard? Et, quand tu m'auras bien aimée, comme tu dis, quand tu auras fait toutes tes petites bêtises, si parfaitement raisonnées que je les perce à jour, en serai-je plus avancée, je te prie? Regarde donc de quelle nuance est mon œil. — Allons, ne pleure pas, mon vieux Armand. Cela devait finir comme cela, tôt ou tard; je sais bien que tu as été bon pour ta Céluta, qui pensera toujours à son petit pépère. Mais aussi pourquoi t'aviser d'être venu à des heures impossibles? Tu n'es pas raisonnable. Marie va t'éclairer. Allons, demain tu me jugeras mieux. Il faut se faire une raison. Bonsoir... bonsoir! (*M. d'Olmuz sort en chancelant.*)

XXIV

LES PROFESSEURS DE DÉCLAMATION

AUTREFOIS

Un peu d'histoire. — « Comment fais-tu quand tu dis *u*? » — Texier, Tonnelier. — *Cadet-Roussel professeur de déclamation.* — Salles de spectacle à louer.

Nous allons essayer de dire comment se font, en dehors du Conservatoire, les acteurs et les actrices, toute une population, tout un monde encore à demi plongé dans les régions de l'inconnu! — Nous allons prendre l'amoureuse dans ses langes, l'amoureux au sortir de l'alphabet; nous allons suivre Célimène dans le maigre tartan de sa quatorzième année, et Clitandre à l'heure où il ne sait ni parler, ni écouter, ni marcher, ni rester immobile.

On naît comédien, — on devient acteur. Dans la cavalerie, il faut six mois pour bien dire : « Cavaliers,

15.

en avant ! » Au théâtre, il faut un an pour scander correctement le discours d'Auguste ou le songe d'*Athalie*.

Il est presque absolument impossible, à moins d'être une organisation de génie, comme Frédérick Lemaître, de se passer des leçons préparatoires d'un professeur. L'étude des longues et des brèves, des exigences de la respiration, des *temps*, des changements de ton, est indispensable à qui veut prendre fréquemment la parole en public. « Comment fais-tu quand tu dis *u?* demande M. Jourdain à Nicole. Et M. Jourdain a raison de s'émerveiller de la science de son maître de philosophie.

Ceux qui apprennent à dire *u* ont été de tout temps fort nombreux à Paris. Ne remontons pas plus de cent ans : nous trouvons dans la dernière moitié du XVIIIe siècle un nommé Tessier ou Texier, auteur (en collaboration avec M. Levacher de Charnois) du *Maître de déclamation*, comédie en un acte, représentée sur le théâtre des Variétés-Amusantes, le 15 novembre 1782. Cette comédie, ou plutôt cette suite de scènes dialoguées, contient un éloge de l'art dramatique, considéré comme élément moral ; c'est suprêmement ennuyeux.

Texier ou Tessier était lui-même un professeur de déclamation ; il avait établi, au Palais-Royal, une école sous le titre de *Musée des enfants ;* plus tard, il fit des lectures publiques.

En 1794, les feuilles nous indiquent l'École dramatique de Tonnelier, rue de Cléry, 111, au coin de la rue Poissonnière. Tonnelier a formé des élèves qui ont figuré à la Comédie française, Damas entre autres.

Puisque nous faisons un peu d'histoire, — si peu que rien, — rappelons une des plus bouffonnes créations de Brunet : *Cadet-Roussel professeur de déclamation*, par Aude. Cette farce supporterait parfaitement aujourd'hui encore la représentation.

Cadet-Roussel y cumule le métier de barbier avec celui de professeur ; entre deux barbes, il fait répéter une tragédie de M. Beuglant, poëte du quartier :

> Je n'ai que toi, Phanor, dans ce désert sauvage.
> Voici comment l'hasard m'a fait voir ce rivage :
> Je naquis, je vivais dans les remparts de Tours,
> A l'ombre des pruneaux...

« BEUGLANT, *le soufflant*. — Des pruniers !

» CADET-ROUSSEL. — Comment ! des pruniers ? (*Montrant le manuscrit*.) Des pruneaux, vous dis-je.

» BEUGLANT. — C'est que c'est une faute d'impression dans le manuscrit. D'ailleurs, est-ce que les pruneaux donnent de l'ombre ?

» CADET-ROUSSEL, *continuant :*

> A l'ombre des pruniers, j'y voyais mes amours...
> « Jeune homme, me dis-tu, je connais l'oncle infâme
> Qui voudrait désunir deux cœurs qu'amour enflamme. »
> En effet, cher Phanor, mon oncle le frotteur...

» BEUGLANT *soufflant*. — Le doreur !

» CADET-ROUSSEL. — Oui, la rime est plus riche.

> Mon oncle le doreur
> S'opposait à nos nœuds et faisait mon malheur.
> Venez, poursuit le Turc, au sein de la fortune !
> Il portait sur son front la moitié de la lune,
> Des perles, des rubis. Tremblants au premier choc,
> Nous croyions voir tous deux l'empereur du Maroc !

» BEUGLANT. — C'est divin !

» CADET-ROUSSEL. — C'est détaillé, c'est fini ! Diction, épanchement, chaleur, c'est consumé. M. Talma, qui passe pour un malin, ne dirait pas ça comme moi ; je l'en défie bien. »

Cette scène, avec les exagérations de costumes et le jeu de Brunet, vaut certainement la plupart des *cascades* de ce temps-ci.

Depuis cette époque, le goût du théâtre n'a fait que se populariser. Des industriels sont venus en aide aux apprentis comédiens et aux professeurs, en faisant construire, dans tous les coins de Paris, de petites salles de spectacle, qu'on loue à des sociétés comme on loue des cabinets de restaurant. — La salle de Doyen, rue Transnonain, a été la plus célèbre ; tous les artistes de la période de 1830 sont sortis de là. Doyen n'était pas un professeur : on s'essayait chez lui, voilà tout.

Ensuite est venue la salle Chantereine, rue Chantereine, aujourd'hui rue de la Victoire. La salle Chantereine a eu des soirées brillantes.

Rappelons aussi :

La salle Génard, rue de Lancry, où madame Arnould-Plessy a commencé ;

La salle de la rue de Lesdiguières, dirigée par un M. Thierry ;

La salle de l'impasse de la Grosse-Tête, près de la rue du Caire ;

La salle Molière, rue Saint-Martin, tantôt théâtre payant, tantôt théâtre de société ;

Et bien d'autres, — rue Saint-Antoine, rue du Renard-Saint-Merry, rue des Martyrs, etc. Ces salles n'existent plus maintenant ou ont reçu d'autres destinations. A leur place, nous avons aujourd'hui l'École lyrique, la plus hantée de toutes ces petites usines dramatiques.

L'ÉCOLE LYRIQUE

La rue de la Tour-d'Auvergne. — Achille Ricourt. — Sa vie, ses travaux. — Une répétition. — *Élégante, Montagna, Superbatandor.* — La scène des marquis, du *Misanthrope.* — Garçon, une chope! — Principaux élèves de Ricourt.

Au numéro 16 de la rue de la Tour-d'Auvergne, on voit cette enseigne en lettres rouges, surmontant une petite boutique : *École lyrique.*

La maison est vaste et de convenable apparence;
mais la petite boutique n'inspire aucune considération;
on serait même tenté de croire qu'une de ses vitres

A sur le cristallin une taie en papier.

Mais, en s'approchant, on s'aperçoit que cette taie est
une affiche, moitié imprimée, moitié écrite à la main,
et dont la teneur est celle-ci :

COURS PUBLIC D'ART THÉATRAL

Pendant tout le mois, on représentera, les mardis, jeudis
et samedis

AGNÈS DE MÉRANIE

PAR PONSARD

UN CAPRICE

PAR ALFRED DE MUSSET

Prix du cours : 10 *francs par mois.*

Si la curiosité vous engage à tourner le bouton de
cette porte vitrée, vous vous trouvez, à votre grande
surprise, dans une petite salle remplie de fumée de
tabac. C'est un estaminet. On s'y empresse, d'ailleurs,
de vous informer que l'entrée de l'École lyrique est
dans le couloir à gauche. A la bonne heure !

Ce corridor long et sinueux est tapissé d'adresses
de costumiers et de fabricants de perruques; — il

aboutit à une salle de théâtre, très-habilement distribuée dans ses minimes proportions, mais délabrée à un tel point, que les larmes vous en viennent aux yeux.

L'École lyrique a cela de particulier qu'on y apprend tout, — excepté le chant.

*

Le *deus* de cette machine est le célèbre Achille Ricourt, un professeur déjà légendaire, le type le plus en dehors de la banalité humaine.

Ce prénom d'Achille n'a pas été sans influence sur sa destinée.

Pour les dictionnaires biographiques, — Achille Ricourt est né à Lille; il a étudié la peinture à l'atelier de Guérin, avec Géricault, Ary Scheffer et Eugène Delacroix. En 1831, il a fondé le journal *l'Artiste*, qui est aujourd'hui la plus brillante des revues parisiennes aux mains de M. Arsène Houssaye. Ricourt a puissamment contribué à la réaction classique en s'employant de toutes ses forces pour la représentation de *Lucrèce*. Il était aidé, dans cette lutte littéraire, par le libraire Furne, par le directeur Lireux et par deux compatriotes du poëte, Charles Reynaud et François Ducuing. Passionné pour le théâtre, il a tourné depuis longtemps toutes ses facultés vers l'enseignement dramatique, où il s'est acquis une légitime réputation.

Signe particulier : Ami de Jules Janin, qui, pour lui, a parodié deux vers fameux :

> Sur la scène jamais il ne voulut paraître.
> Il fit des comédiens et ne daigna pas l'être.

Voilà le Ricourt des dictionnaires biographiques, le Ricourt de l'histoire sèche et décolorée.

Mais le Ricourt de la vérité et de l'enthousiasme, le nôtre, le vôtre, celui de la rue de la Tour-d'Auvergne et de tout Paris, le Ricourt vivant et bouillant, — c'est bien autre chose, je vous le jure !

Regardez-le : il passe, secouant un grand paletot blanc sur ses reins ; sa taille est haute, son œil est fier, son geste est celui du commandement, — je dirai même plus, — du despotisme. Une inamovible cravate de mousseline ceint un cou gonflé de veines tragiques. Tout en lui est fébrile ; sa volonté a peine à retenir son bras sans cesse tendu pour invoquer les dieux ; sa jambe frémit, ses cheveux ont peur de son crâne ; il ne parle pas, il tonne ; il pose les deux mains sur ses interlocuteurs comme sur une proie ; il les pétrit, il les tapote, il leur fait la grimace, il éclate sur eux comme la foudre ; puis il les quitte soudain. Où va-t-il ? Il l'ignore. Il erre, poursuivi par le spectre de l'art dramatique, qui lui crie : « Marche ! fais de la propagande ! régénère le théâtre. » Et Ricourt dépense des efforts surhumains pour produire des élèves supérieurs ;

il les couve en manière de poule inquiète, il les nourrit des plus succulents morceaux de *l'Honneur et l'Argent*, il bêche avec héroïsme les terrains les plus ingrats, il découvre des vocations là où des esprits moins clairvoyants ne distingueraient que de bourgeoises aptitudes; il racole et embauche des artistes dans les magasins de nouveautés, derrière les bocaux des boutiques d'épicerie, et jusqu'au pied de l'échelle que s'apprête à gravir un simple gâcheur, pour lequel Ricourt rêve déjà les rubans verts d'Alceste ou le diadème d'Agamemnon !

Il est dix heures un quart du matin.

Nous allons vous conduire à la classe d'Achille Ricourt.

Quinze ou vingt jeunes filles garnissent un des côtés du parterre de la salle de l'École lyrique; l'autre côté est occupé par un nombre à peu près égal de jeunes gens.

Quelques mères sont disséminées çà et là et donnent de la gravité à l'assemblée.

Ricourt se tient à la porte d'entrée, comme le dernier des spectateurs, le chapeau en arrière, les mains derrière le dos.

Sur la scène, sont les élèves qui répètent. A leur gauche, assise sur le rebord d'une loge, les deux mains dans son manchon, on reconnaît l'élève favorite d'Achille Ricourt, celle qui lui sert de *moniteur*, qui le remplace pendant son absence et qui fait exécuter les exercices ordinaires. Ricourt l'a surnommée Agrippine, en souvenir du rôle qu'elle interprète le mieux.

La séance commence.

RICOURT. — Voyons, dépêchons-nous, nous sommes en retard... Clotilde, à ta place!... Bien... Mademoiselle, vous, la petite blonde... là-bas, oui... montez sur le théâtre... je ne me rappelle jamais votre nom. (*S'adressant à n'importe qui.*) C'est vrai, je ne sais pas le nom de mes élèves... j'en ai tant vu! Janin est comme cela, du reste... Allons, mademoiselle, la gamme.

Pour l'intelligence de ce qui va suivre, il est nécessaire d'expliquer qu'Achille Ricourt, après de nombreux travaux euphoniques, a résumé les trois faces de l'art dramatique : — la comédie, le drame, la tragédie, — à l'aide de trois mots imitatifs, qu'il **a** laborieusement forgés.

Ces trois mots, les voici :

ÉLÉGANTÉ;

MONTAGNA;

SUPERBATANDOR.

C'est ce que Ricourt appelle la gamme et ce qu'i fait étudier avec insistance à ses élèves, prétendant que, de l'articulation intelligente de ces trois mots, dépend tout leur avenir.

RICOURT. — Y êtes-vous, la petite? Eh bien, allez.

L'ÉLÈVE. — *Éléganté!*

RICOURT, *fronçant le nez.* — Quoi?

L'ÉLÈVE — *Éléganté !*

RICOURT. — Hum!... c'est mieux... cependant ce n'est pas encore cela. Tenez, regardez bien.

Ricourt lève un bras, l'allonge, forme un rond avec le pouce et l'index, détache violemment ces deux doigts, roule des yeux de chat en bonne fortune et laisse mélodieusement glisser entre ses lèvres le suave *é-lé-gan-té.*

RICOURT. — Comme cela, voyez-vous... un susurrement... une vibration... A ton tour, Agrippine, à ton tour, mon enfant... fais voir comme tu sais travailler la gamme... Va, va.

AGRIPPINE. — *Éé-léé-gan-tiéé !*

RICOURT. — Bien ! très-bien ! voilà le ton de la comédie, voilà l'esprit, le brio, le piquant... tu peux jouer les soubrettes de Marivaux; tu as du galoubet... Très-bien, ma fille; soigne tes coins de bouche... c'est important... tu iras aux Français... Tu me rappelles Contat, avec plus de fermeté... Continue ! (*De l'air de quelqu'un qui casse une noisette.*) Continue !

AGRIPPINE, *grave, croisant les bras et enflant les joues, comme pour jouer du trombone.* — *Montagna !*

RICOURT. — C'est cela; juste... *Montagna !* la comédie sérieuse, le drame robuste; voyez, mesdemoiselles... *Montagna !* cela signifie la puissance, la force, l'Hercule Farnèse appuyé sur sa massue, la dignité sans courroux... Il faut avoir du biceps dans le gosier pour prononcer ce mot-là. Très-bien ! ma fille. (*Se tournant vers n'importe quoi.*) Elle me rappelle Dorval, n'est-ce pas? ne trouvez-vous pas? qu'en pensez-vous? Dorval, avec la certitude en plus... Ah! parbleu! c'est évident, la certitude... c'est là qu'il faut arriver... Un bossu peut jouer Achille (*avec fureur*); il peut y être superbe!... Lekain était-il beau? Non... Alors, vous voyez bien... Va toujours, ma fille... ils te demanderont aux Français; il faudra bien qu'ils te prennent... Continue, je t'écoute.

Agrippine décroise les bras, les roidit convulsivement, déroule ses cheveux d'un violent coup de tête, retient sa respiration comme si elle voulait plonger, et devient en peu de temps rouge et bleue ; son sein ondule, son corset semble habité par un boa. Elle fait enfin explosion, et lance aux quatre vents de la salle de l'École lyrique :

— *Superbatandor!!!*

Ricourt ne se possède plus ; il saute en l'air, et ses genoux vont choquer son menton.

RICOURT. — Bravo! magnifique! Tu y es, mon enfant. Tu as trouvé. *Superbatandor!* Saluez la tragédie! c'est la tragédie! Appuie bien sur l'*r*, ma fille, tout repose sur l'*r*, c'est le grand secret. J'ai appris à articuler l'*r* en suivant pendant quelque temps l'école des tambours. *Superrrbatandorrr!* Comprends-tu maintenant? il faut du *ra*... le *fla* est plus particulièrement affecté à la comédie... Je suis rationnel... Beauvallet le sait... il n'est pas sans talent, et, s'il avait voulu, je l'aurais perfectionné. Mais, toi, tu seras ma gloire, ma fille, mon enfant bien-aimé. (*Se tortillant gracieusement.*) C'est mon enfant. Aussi, comme elle dit Racine! (*Agrippine s'apprête à dire Racine.*) Non, non; c'est inutile... je te connais... qui te connaîtra, si ce n'est moi?

Va, va, mon intérêt ne me rend point injuste.

Reconnais-tu ce vers? « Il faut de l'intelligence pour lire Racine, mais pour le jouer il faut du génie. » Et qui est-ce qui s'exprime ainsi? (*Rugissant.*) Ce n'est pas moi! ce n'est pas moi! c'est Diderot, le grand Diderot... Je ne l'ai pas connu, et je le regrette. N'importe, ta place est aux Français; tu nous rendras Rachel... avec plus d'ampleur... c'est moi qui te le dis. Repose-toi, mon Agrippine; va t'asseoir, ma reine.

Ici, Ricourt se tourne vers les jeunes gens; il les compte du regard.

RICOURT. — A nous autres, maintenant. Dépêchons-nous; Ponsard m'attend pour déjeuner... Creusons notre Molière... Molière! (*Il se découvre.*) Voyons... la scène des marquis, du *Misanthrope.* Toi, monte ici; je ne sais pas ton nom... Hein? Jules?... Jules ou autrement, cela m'est égal. Place-toi là... là... là, on te dit! (*Il le prend par les épaules.*) Et ton ami, un peu plus en arrière. Ne bougez pas; vous n'entrez pas encore. Louisa! arrive; tu représenteras Éliante...

Sommes-nous au complet, comme cela ? Ah ! il faut un Acaste... Sophie !

SOPHIE. — Monsieur Ricourt ?

RICOURT. — Viens faire Acaste, ma chatte.

SOPHIE, *boudant.* — Mais, monsieur Ricourt, vous me faites toujours faire Acaste ; c'est un rôle d'homme.

RICOURT. — Je le sais bien, parbleu ! que c'est un rôle d'homme... et un rôle magnifique encore !... Je l'ai vu jouer par Armand... Viens faire Acaste, cela t'apprendra à phraser... tu ne phrases pas.

LA MÈRE DE SOPHIE. — Vous ferez le rôle de l'homme, mademoiselle, puisque M. Ricourt vous le dit. Il faut de la soumission à son maître. Je sais cela, moi... Quand on a été dans le commerce, on peut aller partout la tête levée... l'habit ne fait pas le moine... Car ce n'est pas pour me vanter, mais je peux dire...

RICOURT. — Taisez-vous donc là-bas ! (*A Sophie.*) Prends la brochure. Allons, commencez. A toi, Louisa ; c'est Éliante qui parle.

LOUISA. — *Voici les deux marquis qui montent avec nous.*

RICOURT. — Non !

LOUISA. — Comment ! non ?

RICOURT. — Non ! non !... Tu dis : *Voici les deux marquis,* comme tu dirais : « Voici le charbonnier. » Recommence-moi cela. La tête un peu plus levée. Ce n'est pas aux planches que tu t'adresses, c'est à moi.

Voici les deux marquis... Tu te tournes vers la porte, tu les annonces en souriant. *Voici les deux marquis...* c'est-à-dire une visite agréable, deux jeunes gens de la cour... Appuie avec complaisance sur la qualité de marquis... *Deux marquis...* diable! peste! oh! oh! — Allons, poursuis. *Vous l'est-on venu dire?*

LOUISA. — Quoi, monsieur Ricourt?

RICOURT. — Comment, quoi?

LOUISA. — Oui, quoi? Je n'en sais rien, moi.

RICOURT. — Mais c'est la suite du rôle d'Éliante. (*Il hausse les épaules.*) Veux-tu continuer, oui ou non?

> Voici les deux marquis qui montent avec nous;
> Vous l'est-on venu dire?

De la souplesse, ma biche... détache bien le pronom... *Vous l'est-on venu dire?* en êtes-vous informée? le saviez-vous?... Tu es la cousine de Célimène; il s'agit d'attirer l'attention par ta grâce, ta bonne humeur... *Vous l'est-on venu dire?*

La séance continue.

Quand Ricourt est parvenu à former un sujet dont il est satisfait, il faut voir avec quel zèle et quelle flamme il prépare son exhibition.

La veille du grand jour, il houle et roule dans tous

les endroits publics comme une Renommée désem-
parée. Son dernier abordage a lieu ordinairement dans
la brasserie bavaroise de la rue des Martyrs. Il y entre
à pleines voiles, vers les onze heures du soir, — haletant, — mais toujours fort, parce qu'il a la volonté.
Il vient à vous, il vous empoigne le bras et le secoue
comme un peuplier.

— C'est demain! s'écrie-t-il, c'est demain! Je lance
mon Édouard dans trois pièces, rien que cela! Il ira,
je suis sûr de lui. Je n'en aurais pas répondu il y a un
mois; mais, aujourd'hui, c'est différent : le gaillard
est à point... Venez tous... la critique y sera, Janin
y sera... il me l'a promis ce matin... Ce sera un événement. (*Secouant Fernand Desnoyers.*) Tu ne t'ima-
gines pas ce que c'est, Desnoyers; ils n'ont rien de
pareil aux Français... Ponsard y sera aussi... Ponsard,
le sublime antimoderne, le seul poëte lyrique de notre
temps!

UN JEUNE HOMME *aux cheveux rejetés en arrière et
arrêtés sur les côtés par de grandes oreilles.* — Le
seul poëte lyrique... hum!... Et Hugo, monsieur Ricourt, et Hugo?

RICOURT, *se trémoussant.* — Je sais bien, Hugo...
parbleu! nous sommes d'accord... de grandes ma-
chines à la Michel-Ange... l'anatomie du lyrisme...
c'est beau... c'est hardi... mais après? et puis, quoi?
Je donnerais deux cents canettes de Hugo pour un
petit verre de Racine. (*A un garçon.*) Garçon, ap-

porte-moi une choppe... une choppe, mon enfant... bien fraîche.

LE GARÇON. — Voilà, monsieur!

RICOURT, *s'arrêtant subitement.* — Hein?... Répète un peu.

LE GARÇON. — Voilà, monsieur.

RICOURT. — L'organe est bon... sonore... métallique. Tu me rappelles Saint-Prix. J'avais douze ans quand j'ai vu Saint-Prix. Viens chez moi, mon enfant. Pas de hasard, messieurs... l'art procède comme la géométrie... l'organe est tout... ce garçon l'a. Que cherchons-nous, nous autres? L'angle droit! c'est la méthode des anciens... Le grand Fleury me le disait : « Ce qui perd les comédiens modernes, c'est qu'ils disent toujours : deux et deux font cinq cent mille. Aucun ne veut dire : deux et deux font quatre. » Eh bien, tout est là... c'est le résumé de l'art... deux et deux font quatre... Ce garçon a un bel organe... c'est la même chose. Voilà pourquoi Fleury ne valait pas Molé... Molé, Grandval... Grandval, Baron... et Baron ne valait pas Molière... Deux et deux font quatre... c'est simple et c'est tout. (*Il boit et sort.*)

Empressons-nous de déclarer que cette prodigieuse surexcitation recouvre un jugement très-sûr pour les choses de la rampe, et que les innocentes excentricités du professeur Ricourt n'altèrent en rien une méthode dont les résultats ont toujours été excellents pour les organisations réellement artistiques.

Le nombre de ses élèves est considérable; pour ne citer que les plus récents, inscrivons ici les noms de mademoiselle Stella Collas, de la Comédie française; de madame Méa, de l'Odéon (jadis figurante au Gymnase sous le pseudonyme d'Antonia), de mademoiselle Emma Delille et de M. Hector Delille, son frère.

Plus nombreux encore sont ceux auxquels Ricourt a donné ses conseils et qui sont venus chercher auprès de lui un supplément d'expérience, un perfectionnement. Il a fait confier à Bignon le rôle de Danton dans *Charlotte Corday.*

Ricourt déjeunait un matin de 1832, chez Cremer, en compagnie de M. Ferdinand Flocon, de M. Paulin et de quelques autres personnes, lorsqu'une toute jeune fille, presque une enfant, demanda à lui remettre une lettre de recommandation. C'était Rachel; elle s'appelait alors Élisa. Ricourt l'accueillit avec intérêt, et remarqua déjà en elle ce quelque chose d'étrange et de farouche qui devait plus tard devenir du génie.

Achille Ricourt ne parque pas toujours ses élèves dans la tradition; il leur fait jouer de temps en temps des pièces inédites. On répète actuellement à l'École lyrique *le Chemin de Corinthe*, d'Armand Barthet, une charmante comédie en trois actes en vers.

Cet hiver, c'est-à-dire il y a deux mois environ, peut-être davantage, Ricourt a *monté*, avec un certain luxe de mise en scène et d'affiches imprimées, une œuvre remarquable, *Mère et Fille*, par M. Xavier Forneret. — Un autre jour, nous ferons connaître à nos lecteurs M. Xavier Forneret, une des personnalités les plus originales de ce temps, un des talents les plus curieux à examiner de très-près.

L'ÉCOLE DE BOUDEVILLE

Portrait de Charles Boudeville. — Trois ans d'Odéon forcé. — *Le Manteau*, par Andrieux. — A quoi peuvent servir deux vers de Voltaire.

Henry Monnier a fait une spirituelle aquarelle de Boudeville, dans le rôle de Labranche, de *Crispin rival de son maître :* la grande livrée, le tricorne sur l'oreille, la main gauche dans le gilet, un nez qui flaire les exempts à cent pas. Charles Boudeville, en effet, excelle dans les valets, les Figaros; c'est un des bons élèves du Conservatoire. A l'Odéon, on se souvient de sa création du villageois Jacquin dans *Grandeur et décadence de Joseph Prudhomme;* c'est à lui que M. Prudhomme disait sentencieusement : « Tous les hommes sont égaux; il n'y a entre eux d'autres différences que celles de la nature. »

Il y a quatre ans que Boudeville a quitté l'Odéon, pour des raisons étrangères au théâtre, et qu'il est devenu professeur, — accidentellement. Aujourd'hui, il reste professeur, à cause du succès qui s'est attaché à son cours. Des affiches jaunes, sur les principales murailles, nous apprennent que ses leçons ont lieu trois fois par semaine, faubourg Montmartre, 29.

Nous avons voulu assister à ces leçons, — et, un beau matin, nous sommes tombé chez lui en plein *Manteau* d'Andrieux.

Le Manteau est la pièce favorite des professeurs de déclamation, pour trois ou quatre raisons :

Parce qu'elle n'a qu'un acte ;

Parce qu'elle est en vers ;

Parce qu'il y a un rôle de femme travestie en homme.

Une douzaine de jeunes et très-jolies personnes étaient rangées, brochure à la main, dans le salon de Boudeville, au moment de notre entrée. Le trouble pudique qui s'empara d'elles à notre aspect suspendit la répétition pendant quelques minutes ; il fallut que Boudeville leur assurât que nos dispositions n'avaient aucun caractère d'hostilité ; loin de là.

On nous permit alors de nous asseoir dans un coin de l'appartement, — et d'écouter.

Boudeville se donne beaucoup de mal, il ne laisse point passer une inflexion de voix douteuse ; il fait recommencer dix fois la même tirade.

Ses principales élèves sont : Mesdames Ramelli, Chatillon, Solange, Malvau, Angeline Thèse.

Boudeville fait une vive chasse à l'accent. Il a des phrases pour tous les vices de prononciation, des entrelacements de syllabes et de consonnes qui équivalent aux cailloux de Démosthènes, de vols d'*l* pour ceux qui grasseyent, des mousquetades d'*r* pour ceux qui bégayent.

> Oui, Mitrame, en secret l'ordre émané du trône
> Remet entre ses bras Arsace à Babylone.

Ce sont deux vers de la *Sémiramis* de Voltaire. Lorsque le sujet est parvenu à les articuler aisément on remplace l'*r* en *tede*, ce qui transforme ainsi le distique :

> Oui, Mitedame, en sectedet l'otedede émané du tedone
> Tedemet entede ses betedas Atedesace à Babylone.

Fortement secoués, ces deux vers pourraient encore servir à rincer les bouteilles.

Boudeville a pour les commençants des formules plus simples, telles que celle-ci :

« Trois gros rats dans trois gros trous rongeant trois gros fromages. »

Ou bien encore :

« Gros gras grain d'orge, quand te dégrosgrasgrain-d'orgeriseras-tu? »

Il est enjoint à l'élève de murmurer ces paroles stupido-magiques à toute heure de la journée, pendant les repas, — où elles servent à activer la digestion, — et jusque dans le sommeil.

L'ÉCOLE D'ALBERT, DIT PIFFARD

Invocation. — Naissance de Piffard. — Ses amours. — Où est située l'école de Piffard. — Une librairie dans une armoire. — Mademoiselle Anna Debonne.

Muses immortelles! Muses héroïques et souriantes, aux cheveux déroulés par la haine ou au sein découvert par l'amour, filles de haute et superbe maison, vierges pour rire et pour pleurer, Thalie dont le brodequin est serré comme celui d'une lorette, Melpomène dont la main étreint un nœud de serpents, — racontez-nous, s'il vous plaît, ce que c'est qu'Albert dit *Piffard!*

Les Muses ont répondu :

« Pierre Albert est un petit Parisien, qui n'a rien de la divine beauté du Méléagre. Le surnom de *Piffard*, justifié par l'ampleur triomphante de son nez, lui a été donné par Esther de Bongars, l'incomparable Zéphirine des *Saltimbanques.* — Pierre Albert a suivi le cours de Saint-Aulaire, à la salle Génard, rue de Lancry, et, plus tard, à la salle Molière, où il se rencontra avec Rachel. Une folle passion agita, prétend-on, la naissante tragédienne pendant quinze jours ; mais, malgré nos efforts, nous n'avons rien pu arracher sur ce chapitre à la discrétion monumentale de Piffard, qui était digne de naître au temps heureux de la chevalerie. Plus tard, il entra au Conservatoire et y continua ses études en brillante et spirituelle compagnie : mademoiselle Denain, mademoiselle Augustine Brohan, mademoiselle Avenel, mademoiselle Zulma Restout, M. Berton. — Enjoué, affectueux et causeur bizarre, tel est Piffard. Nous l'aimons ! »

Nous avons ajouté au discours des Muses.

Il est peu de théâtres à Paris sur lesquels Piffard n'ait au moins montré le bout de son nez, — ce nez, qui n'a d'autre rival que celui d'Hyacinthe : en quinze ans, il a successivement projeté son ombre aux Variétés, au Gymnase (où une autre passion l'attendait), à la Porte-Saint-Martin, au Vaudeville. Un sort jaloux relégua continuellement Piffard sur les deuxièmes plans ; peut-être aussi doit-il s'en prendre à la faiblesse de sa voix. — Toutefois est-il qu'après avoir joué dans un grand nombre de pièces, *les Filles de marbre*, *les Parisiens*, *la Joie de la maison*, il sortit du Vaudeville pour se consacrer tout entier à l'enseignement dramatique.

Bornons là les principales lignes biographiques de son existence.

Piffard joue les comiques, — mais il enseigne les grands rôles.

Il recrute de préférence ses élèves dans le beau sexe, — et il a bien raison.

Il a formé mademoiselle Hugon, mademoiselle Soubise, mademoiselle Meunier, mademoiselle Boulart, de charmantes femmes et de très-habiles actrices aujourd'hui.

Mais, à l'entendre, son meilleur sujet, celui sur lequel sa satisfaction ne tarit pas, est mademoiselle Anna Debonne, — une danseuse qu'il a changée en tragédienne.

Mademoiselle Anna Debonne débutait l'autre soir, à l'Odéon, dans *Iphigénie en Aulide;* et le fait est qu'elle a été trouvée très-intelligente.

Donc, gloire à elle, et honneur à son professeur Pierre Albert dit Piffard!

*

Maintenant, où est située l'école de Piffard? me demandera-t-on.

Ah! voilà!

Piffard est de la grande famille de Bias : il porte son école avec lui.

Il ressemble sous ce rapport à son frère Edmond Albert, qui était libraire et qui florissait, il y a huit ou neuf ans.

Cet Edmond Albert fut un des premiers éditeurs de Théodore de Banville et de Philoxène Boyer.

Seulement, il les édita dans une armoire.

Je m'explique : Edmond Albert faisait très-bien les choses; il payait convenablement les deux poëtes, il imprimait leurs vers sur de magnifique papier; mais, comme il manquait de relations avec les principales maisons de librairie de Paris, et que, d'un autre côté, il était assez prompt au découragement, — il enfermait l'édition entière dans une grande armoire.

Puis on ne le voyait plus pendant deux ou trois mois.

Ce mode de publicité, qui nous semblait un peu primitif, suggéra à l'un de nos amis la plaisanterie suivante, qu'il eut le crédit de faire insérer dans les faits divers du journal *le Pouvoir :* « La belle scène dramatique de M. Philoxène Boyer, *l'Engagement,* si bien interprétée par mademoiselle Judih, paraîtra très-prochainement *dans l'armoire de M. Edmond Albert, éditeur.* »

Par ce qui précède, nous ne prétendons pas insinuer que Piffard tient son cours de déclamation dans une armoire.

Nous ne voudrions pas lui nuire à ce point dans l'esprit des mères qui *destinent leurs demoiselles au théâtre.*

Piffard donne des leçons particulières, c'est vrai; mais il produit ses élèves, au fur et à mesure de leurs progrès, sur les scènes de la banlieue et dans les théâtres des environs de Paris, à Montmorency, à Saint-Cloud, à Choisy-le-Roi. Ce sont de ravissantes parties dans la belle saison.

L'ÉCOLE DUQUESNOIS

Depuis plusieurs années, on lit assez régulièrement, chaque samedi, dans les grands journaux : *Demain dimanche, M. Duquesnois récitera* LE LAC, *de Lamartine, avec accompagnement de musique.* Intrigué par cette annonce, nous nous sommes décidé à aller entendre M. Duquesnois.

M. Duquesnois est le directeur du *Gymnase de la parole* (pourquoi pas le *Trapèze de la prononciation?*), situé dans le passage du Saumon. C'est un élève de Talma; il en est resté au *Qu'en dis-tu?* de *Manlius*, qu'il paraphrase avec enthousiasme tous les dimanches; ce qui ne l'empêche pas d'interpréter quelques-uns de nos auteurs modernes, comme on voit.

Avec M. Duquesnois, et avec la musique, *le Lac* dure trois quarts d'heure environ. M. Duquesnois appartient, de toutes les manières, à l'ancienne tradition : débit mesuré, geste arrondi, œil inspiré. L'ancienne tradition est peut-être la bonne; nous ne décidons pas. Il faudrait consulter M. de Lamartine.

Le petit théâtre du passage du Saumon, où M. Duquesnois exerce ses élèves, est très-joli. On le loue aux amateurs cinquante francs le jour, et cent francs le soir, tout éclairé.

Pourquoi donc alors les typographes (ces fanatiques de la comédie bourgeoise) préfèrent-ils le théâtre lointain de la rue Pascal, dit le théâtre Saint-Marcel?

SALMIS DE PROFESSEURS

Aristippe. — David. — Ludovic Fleury. — Rey. — Nestor. — Oscar Rollin. — Delsarte. — Mademoiselle Georges. — Le professeur nocturne. — Le professeur dameret. — Le professeur à la tête de veau.

M. Aristippe Bernier est un des doyens du professorat; on lui doit un livre sur *l'Art du comédien*. Nous ne savons s'il enseigne encore.

Par exemple, nous savons que, toujours vert, toujours noble, la jambe toujours tendue, la poitrine toujours effacée, M. David — une des figures les plus connues du boulevard Montmartre — continue, avec un zèle que rien n'arrête, ses greffes, ses boutures dramatiques, dans son rez-de-chaussée de la rue des Martyrs. C'est un beau diseur que M. David; dans les rôles chevaleresques, la Comédie française ne l'a pas remplacé. Il est vrai qu'on ne fait plus de rôles chevaleresques.

M. Ludovic Fleury est voué plus particulièrement à la culture des petites intelligences qui bornent leur ambition à la comédie de genre et au vaudeville. Il fait beaucoup d'envois en province.

Un funeste accident (un breuvage pris pour un autre, nous a-t-on dit) a brisé en partie l'organe de M. Rey; réduit à des créations secondaires, l'excellent pensionnaire de l'Odéon se dédommage en donnant des leçons qui sont recherchées.

M. Nestor, du théâtre de la Porte-Saint-Martin, a dirigé, pendant quelque temps, un cours à l'École lyrique.

Enfin, M. Oscar Rollin, qui joue les Lepeintre jeune et remplit les fonctions de régisseur aux Délassements-Comiques, est, lui aussi, un professeur très-couru sur toute la ligne du boulevard du Temple; c'est le Samson du Château-d'Eau, — le Michelot des *bouis-bouis*.

Dans une rue perdue de Chaillot, vit un homme un peu mystique, un peu misanthrope, — Delsarte. C'est plutôt un professeur de chant qu'un professeur de déclamation; cependant la déclamation tient une si grande place dans son enseignement, que nous ne pouvons nous dispenser d'inscrire son nom dans cette étude, — sur un feuillet à part. Il faut lui avoir entendu réciter *la Cigale et la Fourmi* ou *les Animaux malades de la peste* pour se rendre compte de tout le parti qu'on peut tirer de la parole humaine. Nul n'a plus fait *suer* le mot que Delsarte ; nul n'a plus dramatisé l'alphabet.

Un de ses meilleurs élèves est Darcier.

Nos pages sont bien étroites pour contenir la personnalité géante de mademoiselle Georges, et notre style est bien frivole pour raconter tant de renommée unie à tant d'infortune. Celle qui fut deux fois reine, qui gouverna successivement l'empire classique et l'empire romantique, l'Orient et l'Occident de l'art, donne aujourd'hui des conseils de majesté — au cachet — à des jeunes filles et à des jeunes gens qui, parfois, ne peuvent retenir devant elle leur attendrissement...

Saluons avec respect !

*

Et maintenant, — vous plaît-il que nous laissions approcher les professeurs fantaisistes, macabres, exorbitants, qui encombrent, qui obstruent les avenues du theâtre, sous prétexte de les déblayer? Il y a là bien des physionomies singulières ; l'une d'elles a tenté Paul de Kock, qui l'a dessinée avec une verve pleine de vérité dans le vaudeville de *Zizine, ou l'École de déclamation,* tiré d'un de ses propres romans.

On nous a montré un professeur qui tient tous les soirs son cours, de minuit à une heure, au coin de la rue Notre-Dame-de-Lorette et de la rue Saint-Lazare.

Il nous a été donné également de contempler le professeur Céladon, — une variété infinie, — et d'être initié à quelques-unes de ses ruses. Pourquoi faut-il que la pudeur vienne clore nos lèvres de son doigt de rose?...

*

Mais le plus bizarre de tous ces personnages est sans conteste le professeur à la tête de veau.

Nous ne le nommerons pas, et cependant quelques-uns le reconnaîtront.

Il arrive à son cours le front haut, le regard profond. Il jette un coup d'œil sur son auditoire. Il s'assied.

LE PROFESSEUR. — Nous sommes au complet, je crois. Je vais exposer aujourd'hui ma théorie du son. Mais où est donc ma tête de veau? Clément!

LE DOMESTIQUE. — Monsieur désire quelque chose?

LE PROFESSEUR. Où est ma tête de veau? la tête de veau que j'avais demandée?

LE DOMESTIQUE. — Excusez-moi, monsieur, je l'ai oubliée...

LE PROFESSEUR. — Allez m'en acheter une tout de suite. Je ne peux pas professer sans tête de veau. Vous en trouverez chez le boucher d'en face. Allez vite.

LE DOMESTIQUE. — Avec du persil dans le nez?

LE PROFESSEUR. — C'est inutile. Vous m'apporterez en même temps un grand plat et un couteau de cuisine.

Les élèves s'entre-regardent; mais, habitués aux excentricités du professeur, ils gardent le silence.

Le domestique revient avec la tête de veau, qu'il place sur la table du professeur. Celui-ci retrousse ses manches.

LE PROFESSEUR. — Messieurs... mesdemoiselles... je vous prie de me prêter toute votre attention. Voici une tête de veau. Regardez-la bien. Le veau, *vitulus*, est, comme vous le savez, le petit de la vache. J'aurais désiré une tête d'un plus fort volume; mais enfin j'opérerai sur celle-ci. Je la retourne, le front sur la table, et je commence par inciser la peau de haut en bas, jusques et y compris la lèvre inférieure. Ce couteau ne vaut rien. N'importe, je n'interromprai pas pour cela la séance. De la main gauche, je soulève un des bords de la section, et, glissant le couteau sous la peau, je l'introduis et le retourne de manière à découvrir toute cette partie de la tête...

PREMIÈRE ÉLÈVE, *bas*. — Pauvre bête!

DEUXIÈME ÉLÈVE, *de même*. — Tais-tois donc : elle est morte.

LE PROFESSEUR. — L'os de la mâchoire inférieure se trouvant à découvert, je l'isole des chairs, en passant le couteau tout autour, et je l'enlève. Le voilà.

Vous pouvez dès ce moment vous convaincre que c'est absolument la même conformation que celle de l'être humain. Nous avons tous un os semblable à celui-ci et qui influe sur le son dans des conditions que je vous expliquerai tout à l'heure. En attendant, je vais procéder de la même sorte du côté opposé. Comme ceci. Je dégage les os du nez et je les dépose à part; considérez attentivement leur construction : elle est beaucoup plus favorable que la nôtre au développement de la voix. Il y a, en outre, dans l'enroulement des narines, une délicatesse et un fini qui aident, on ne peut mieux, à l'émission du son. Je ne crains pas de le dire, messieurs : le veau était né pour la déclamation.

TROISIÈME ÉLÈVE, *bas.* — Et nous, pour la sauce à la poulette.

LE PROFESSEUR. — Il n'a fallu rien moins que les décrets immuables de la Providence pour apporter d'invincibles obstacles à cette vocation. Poursuivons nos rapprochements : je retourne la tête et je retrousse toute la partie charnue par-dessus les yeux. C'est ici que les éléments de comparaison abondent et deviennent de plus en plus saisissants. Les yeux...

QUATRIÈME ÉLÈVE, *bas.* — Mais c'est une infection !

CINQUIÈME ÉLÈVE, *de même.* — Pouah ! cela sent le fade !

LE PROFESSEUR, *qui a entendu.* — Mesdemoiselles, silence donc ! et vous aussi, messieurs ! Je conviens que cette tête de veau manque un peu de fraîcheur;

mais ma démonstration est trop avancée (*on rit*) pour qu'il me reste le temps d'en envoyer chercher une autre. Je vous prie de m'écouter. Tout professeur doit être doublé d'un opérateur. Le raisonnement qui ne s'appuie pas sur la dissection court risque de n'être qu'un faux raisonnement. Toutes les sciences s'enchaînent. A quoi dois-je ma supériorité dans mon art?... A mes études médicales. Esculape et Apollon sont inséparables. M. Scribe l'a heureusement rappelé dans un couplet que j'avais sur la langue il y a un instant, mais qui me reviendra certainement avant la fin de la séance. Je reprends ma théorie du son. Le veau est doué comme nous. L'appareil auditif est peut-être même plus complet que chez nous. Nous nous appesantirons bientôt sur ce point. Actuellement, je vais introduire la pointe du couteau au centre de la tête, et, en le faisant obliquer, les os vont s'écarter et me permettre d'en retirer la cervelle...

Ainsi de suite pendant une heure.

Ici s'arrêtent nos révélations sur le théâtre avant la lettre.

XXV

LE PROPRIÉTAIRE

LE PROPRIÉTAIRE. — C'est vous, monsieur, qui désirez louer le troisième étage de ma maison?

L'ASPIRANT LOCATAIRE. — Le troisième étage, oui, monsieur.

LE PROPRIÉTAIRE. — Ah! ah! (*Appelant.*) Ma femme, mes enfants... c'est ce monsieur qui veut habiter chez moi. (*La famille se groupe autour de l'étranger et l'examine en donnant les signes d'une curiosité à laquelle semble se mêler un vague sentiment de compassion.*) Maintenant, mes enfants, retirez-vous; vous l'avez assez vu; laissez-moi l'interroger.

L'ASPIRANT LOCATAIRE, *à part.* — M'interroger?

LE PROPRIÉTAIRE. — Dites au concierge de fer-

mer la porte cochère et d'attendre mes ordres. Allez.
— Monsieur, veuillez prendre la peine de vous asseoir.

L'ASPIRANT LOCATAIRE, *inquiet*. — Je ne voudrais pas cependant vous déranger, et si, comme je le crois, vous êtes occupé...

LE PROPRIÉTAIRE. — Du tout, du tout. Faites comme moi, je vous en prie.

L'ASPIRANT LOCATAIRE. — Je puis revenir...

LE PROPRIÉTAIRE. — Et pourquoi? L'affaire doit être vidée sur-le-champ. (*Le regardant.*) Le masque n'est pas absolument désagréable; l'œil est bon, la voix est bien timbrée...

L'ASPIRANT LOCATAIRE, *mal à son aise*. — Votre portier m'a dit que c'était deux mille deux cents francs.

LE PROPRIÉTAIRE. — Permettez, oh! permettez! N'allez pas si vite. Mon concierge et moi, cela fait deux. Procédons par ordre, s'il vous plaît. — Accusé, votre âge?

L'ASPIRANT LOCATAIRE. — Plaît-il?

LE PROPRIÉTAIRE. — Pardon... l'habitude d'être juré... Je veux dire : monsieur, quel est votre nom, votre âge, et votre état dans le monde?

L'ASPIRANT LOCATAIRE. — C'est trop juste. Je m'appelle Ernest Gouvassieux.

LE PROPRIÉTAIRE. — *De* Gouvassieux?

L'ASPIRANT LOCATAIRE. — Non; Gouvassieux tout court.

LE PROPRIÉTAIRE. — Tant pis. La particule ne vous eût pas nui. Si vous demeurez chez moi, je vous serai obligé de l'ajouter.

L'ASPIRANT LOCATAIRE. — Monsieur...

LE PROPRIÉTAIRE. — Bah! on ne fait pas autre chose tous les jours, et vous ne me refuserez pas ce petit plaisir : cela pose une maison. J'ai déjà un vicomte au quatrième. — Continuez, monsieur de Gouvassieux.

L'ASPIRANT LOCATAIRE. — J'ai trente ans, je suis garçon.

LE PROPRIÉTAIRE. — Bien garçon?... vous m'entendez?... Oh! je ne suis pas rigoriste, et je me souviens d'avoir été jeune. Je ne crains pas de rencontrer de jolis minois dans mon escalier. Le murmure des robes de soie me rappelle mes beaux jours, — et, pourvu que les convenances soient sauvegardées...

L'ASPIRANT LOCATAIRE. — Soyez tranquille.

LE PROPRIÉTAIRE. — Par exemple... vous allez trouver que c'est une faiblesse peut-être... je ne m'en défends pas... il me déplairait singulièrement que vous eussiez une maîtresse blonde.

L'ASPIRANT LOCATAIRE, *stupéfait.* — Comment?

LE PROPRIÉTAIRE. — Je sais ce que vous allez me répondre... que cela ne me regarde pas... que c'est une exigence au moins bizarre... Mais c'est plus fort que moi. Je ne peux pas souffrir cette nuance. — Tâchez, si vous devenez mon locataire, que votre maîtresse soit brune, ou très-châtaine. — Exercez-vous quelque profession?

L'ASPIRANT LOCATAIRE. — Aucune.

LE PROPRIÉTAIRE. — Très-bien! c'est le meilleur moyen de ne pas faire de bruit dans les maisons.

L'ASPIRANT LOCATAIRE. — J'ai des intérêts que je surveille moi-même...

LE PROPRIÉTAIRE. — Nous en causerons. Je vous aboucherai avec mon notaire.

L'ASPIRANT LOCATAIRE. — J'ai le mien, je vous remercie.

LE PROPRIÉTAIRE. — Vous prendrez le mien, j'en suis sûr; je lui ai, d'ailleurs, promis la clientèle de tous mes locataires. — Vous vous portez bien?

L'ASPIRANT LOCATAIRE. — Vous êtes bien bon. J'ai un peu chaud.

LE PROPRIÉTAIRE. — Vous ne me comprenez pas; je m'informe de votre tempérament. Êtes-vous lymphatique ou sanguin, bilieux ou nerveux?

L'ASPIRANT LOCATAIRE. — Lymphatique, je crois; oui, lymphatique.

LE PROPRIÉTAIRE. — Otez votre habit.

L'ASPIRANT LOCATAIRE. — Hein?

LE PROPRIÉTAIRE. — Pour un instant... cela est fort important pour moi... Je ne veux pas loger de malades, que diable!... Il me faut des personnes bien bâties, carrées des épaules. Otez donc votre habit.

L'ASPIRANT LOCATAIRE, *hésitant*. — Mais...

LE PROPRIÉTAIRE. — La!... l'autre manche, à présent. Hum! je vous croyais plus fort. Vous ne devez pas peser plus de cent trente.

L'ASPIRANT LOCATAIRE. — Je ne sais pas.

LE PROPRIÉTAIRE. — Votre cou est bien court.

L'ASPIRANT LOCATAIRE. — Mais non.

LE PROPRIÉTAIRE. — Mais si! et ces veines... là et là.., mauvais présage... gare à l'apoplexie!

L'ASPIRANT LOCATAIRE. — Allons donc!

LE PROPRIÉTAIRE. — Il faudra que vous vous engagiez solennellement à prendre une purgation à chaque renouvellement de saison. Je vous indiquerai la purgation.

L'ASPIRANT LOCATAIRE. — Puis-je remettre mon habit?

LE PROPRIÉTAIRE. — Attendez. Vous ne faites pas assez d'exercice.

L'ASPIRANT LOCATAIRE. — Pardonnez; je fais régulièrement, tous les après-midi, le tour des deux lacs du bois de Boulogne.

LE PROPRIÉTAIRE. — Ce n'est pas suffisant: vous voyagerez désormais trois mois de l'année. Cela donne de l'air aux appartements et repose les escaliers. Nous voyageons tous en automne.

L'ASPIRANT LOCATAIRE. — Alors, monsieur... c'est bien deux mille deux cents francs par an, ainsi que me l'a déclaré votre concierge?...

LE PROPRIÉTAIRE. — Quoi?

L'ASPIRANT LOCATAIRE. — J'avoue que ce chiffre me semble élevé; ce n'est pas sans doute votre dernier mot.

LE PROPRIÉTAIRE. — Ta ta ta! nous n'en sommes pas encore là, monsieur de Gouvassieux.

L'ASPIRANT LOCATAIRE. — Cependant...

LE PROPRIÉTAIRE. — Ah ça! vous vous imaginez donc qu'on loue un appartement comme on achète un pantalon? Peste! comme vous y allez! vous passez dans ma rue, vous levez les yeux, vous lisez mon écriteau, vous montez, vous voilà à peine assis, et vous me demandez déjà les clefs. — Pourquoi ne me demandez-vous pas aussi ma robe de chambre?

L'ASPIRANT LOCATAIRE. — J'ignorais...

LE PROPRIÉTAIRE. — Ma parole d'honneur! on se comporte envers nous autres avec une légèreté...

L'ASPIRANT LOCATAIRE. — Mon intention, voyez-vous, serait de ne pas dépasser deux mille francs.

LE PROPRIÉTAIRE. — Un mot de plus, monsieur, et je vous envoie des témoins.

L'ASPIRANT LOCATAIRE. — Calmez-vous... je croyais avoir satisfait à toutes vos questions.

LE PROPRIÉTAIRE. — Voilà bien les locataires du XIXe siècle! — Connaissez-vous seulement, monsieur, les principales conditions de mes actes d'engagement?

L'ASPIRANT LOCATAIRE. — Non, monsieur; mais je suis prêt à y souscrire, car je ne doute pas que ces conditions ne soient raisonnables.

LE PROPRIÉTAIRE, *tirant un papier de sa poche.* — Écoutez :

« Art. 1er. — Le locataire devra se lever et se coucher à la même heure que le propriétaire, afin de ne pas troubler le repos de celui-ci, qui habite diamétralement au-dessous de lui.

» Art. 2. — Le locataire devra, autant que possible, porter la cravate blanche en hiver, et se vêtir, en été, de couleurs égayantes, afin de réjouir le regard de son propriétaire, au cas où celui-ci viendrait à le rencontrer.

» Art. 3. — Le locataire sera tenu de se mettre à la fenêtre deux fois par jour, en se frottant les mains d'un air de satisfaction, de façon à inspirer de l'envie aux passants et à donner de la valeur à mon immeuble... »

L'ASPIRANT LOCATAIRE, *l'interrompant.* — Mais quand il pleuvra?

LE PROPRIÉTAIRE. — On peut se tenir sur le balcon avec un parapluie. — Je continue « ... Le locataire ne rentrera jamais sans lever les yeux avec complaisance sur les détails d'architecture de la façade; il ne craindra pas de manifester à haute voix son approbation; s'il réussit même à attrouper le public, il n'y a pas de mal.

» Art. 4. — Le locataire invitera cordialement son propriétaire à dîner tous les 15 du mois. Il évitera avec soin de le conduire dans les restaurants à prix fixe du Palais-Royal.

» Addition à l'art. 4. — Ces repas mensuels ont pour but de resserrer les liens entre le locataire et le propriétaire. Il n'est pas interdit au locataire d'y amener sa maîtresse et une amie de sa maîtresse.

» Art. 5. — Le locataire s'empressera d'apprendre le whist, afin de tenir élégamment sa place dans les soirées de son propriétaire.

» Art. 6. — Le locataire mettra à la disposition de son propriétaire les relations honorables qu'il peut avoir; il le présentera à ses amis les plus influents et s'emploiera pour lui faire obtenir une décoration quelconque.

» Art. 7. — Le ramonage des cheminées du propriétaire sera aux frais du locataire, lesdites cheminées correspondant directement avec celles de ce dernier.

» Art. 8. — Le locataire s'engagera à prendre en moyenne par année, pour deux cents francs de médicaments chez le pharmacien de son propriétaire.

» Art. 9. — Le locataire ne manquera jamais de saluer le concierge, qui est un peu parent par alliance du propriétaire; si même, de temps en temps, il consent à faire la conversation avec ledit concierge, qui n'est pas complétement dépourvu d'instruction, le locataire sera certain d'être agréable par là à son propriétaire.

» Art. 10. — Le locataire est expressément invité à faire passer par l'escalier de service les artistes et les hommes de lettres qui pourraient venir le voir.

L'ASPIRANT LOCATAIRE. — Est-ce tout, monsieur?

LE PROPRIÉTAIRE. — Il y a quelques articles supplémentaires que je me réserve de vous faire connaître en temps et lieu.

L'ASPIRANT LOCATAIRE. — Eh bien! mais tout cela est fort naturel, fort sensé, et nous nous entendrons parfaitement, je le vois...

LE PROPRIÉTAIRE. — J'oubliais... Êtes-vous franc-maçon?

L'ASPIRANT LOCATAIRE. — Non.

LE PROPRIÉTAIRE, *tristement*. — Tant pis! je cherche partout un franc-maçon. Ma femme est très-désireuse de connaître le secret.

L'ASPIRANT LOCATAIRE. — Je peux me faire recevoir, si vous y tenez.

LE PROPRIÉTAIRE. — C'est cela; bravo!

L'ASPIRANT LOCATAIRE. — Alors, monsieur... c'est bien deux mille deux cents francs par an...

LE PROPRIÉTAIRE. — Ah! pardon! encore un mot.

L'ASPIRANT LOCATAIRE. — Lequel?

LE PROPRIÉTAIRE. — Vous avez oublié de me dire votre domicile actuel et le motif qui vous pousse à le quitter.

L'ASPIRANT LOCATAIRE. — C'est vrai; j'occupe, au n° 6 de la rue Cadet, un appartement au premier étage.

LE PROPRIÉTAIRE. — Et les causes de votre départ?

— L'ASPIRANT LOCATAIRE. — Oh! la moindre des choses; quelques griefs contre mon propriétaire, à la suite desquels je l'ai jeté par sa fenêtre.

FIN.

TABLE

F, Aureau. — Imprimerie de Lagny

9 782019 944865